阅读成就思想……

Read to Achieve

·女性成长系列·

她力量
独立女性的成长修炼

KICK SOME GLASS

10 Ways Women Succeed at Work on Their Own Terms

［美］珍妮弗·W.马蒂诺（Jennifer W.Martineau） 著
　　　波西亚·R.芒特（Portia R.Mount）

粟志敏 译

中国人民大学出版社
·北京·

图书在版编目（CIP）数据

她力量：独立女性的成长修炼 /（美）珍妮弗·W.马蒂诺（Jennifer W.Martineau），（美）波西亚·R.芒特（Portia R.Mount）著；粟志敏译. -- 北京：中国人民大学出版社，2021.11
ISBN 978-7-300-29891-7

Ⅰ. ①她… Ⅱ. ①珍… ②波… ③粟… Ⅲ. ①女性－职业选择 Ⅳ. ①C913.2

中国版本图书馆CIP数据核字(2021)第197191号

她力量：独立女性的成长修炼

[美] 珍妮弗·W.马蒂诺 著
　　　波西亚·R.芒特
粟志敏　译
Ta Liliang: Duli Nüxing de Chengzhang Xiulian

出版发行	中国人民大学出版社			
社　　址	北京中关村大街31号		邮政编码	100080
电　　话	010-62511242（总编室）		010-62511770（质管部）	
	010-82501766（邮购部）		010-62514148（门市部）	
	010-62515195（发行公司）		010-62515275（盗版举报）	
网　　址	http://www.crup.com.cn			
经　　销	新华书店			
印　　刷	天津中印联印务有限公司			
规　　格	148mm×210mm　32开本		版　次	2021年11月第1版
印　　张	7　插页1		印　次	2022年9月第2次印刷
字　　数	156 000		定　价	59.00元

版权所有　　　侵权必究　　　印装差错　　　负责调换

本书赞誉

《她力量》是一本蓝图，可以帮助女性了解自身的能力，以自己的方式创造了不起的事业。

克里斯蒂娜·达菲（Christine Duffy）

嘉年华邮轮公司（Carnival Cruise Line）总裁

这是一本非典型的女性职场建议书。珍妮弗·W. 马蒂诺和波西亚·R. 芒特在书中为读者提供了切实可行的建议，让人耳目一新。你可以参考这些建议来定义自己的职业发展和个人成功。本书最大的特色就是既有需要亲自动手的练习，又有成功领袖的真知灼见，这些将帮助读者去探索自己的才能、信仰和经验。读者此前可能都没有意识到这些力量的源泉。最重要的是，马蒂诺和芒特号召世界各地的女性站出来成为领导者，我们现在比以往任何时候都需要更多的女性领导者。我希望每位女性在阅读了《她力量》一书后能接受这份挑战。

蒂拉·马里安尼（Tyra Mariani）

新美国基金会（New America）执行副会长

KICK SOME GLASS

她力量：独立女性的成长修炼

无论你是想改变自己的事业发展方向，还是希望能挖掘自身的潜力，《她力量》一书的建议都能帮上大忙。这些建议别具一格，非常实用。本书立足于作者自身和各种背景的领导者的丰富经验，内容切实可行，引人入胜。

珍·格雷沙姆（Jen Gresham）

恒亮公司（Everyday Bright）创始人

成为颇具影响力的领导者不是什么遥不可及的神话，也不是运气使然。在《她力量》一书中，领导力专家、实践家珍妮弗·W. 马蒂诺和波西亚·R. 芒特分享了切实可行的做法，这些做法都立足于调查研究，旨在帮助女性对自身有清醒的认识，明确自身的追求，并能发挥能动性，实现成为领导者的愿望。就是现在，行动起来。

莉萨·凯·所罗门（Lisa Kay Solomon）

奇点大学（Singularity University）变革实践和领导力项目主席

《影响力时刻》（Moments of Impact）和

《商业模式设计新生代》（Design a Better Business）作者之一

培养和留住领导者，是任何一家组织取得成功的命脉。《她力量》一书为女性提供了宝贵的真知灼见。男性若想支持和培养女性领导者，这本书也值得一读。

卡特勒·道森（Cutler Dawson）

美国退役海军中将

联邦海军信贷协会（Navy Federal Credit Union）总裁兼 CEO

身为科技和女权的倡导者,我相信《她力量》会是一个新的操作系统,并将带来一场重大的运动。珍妮弗和波西亚的这本书将帮助我们运用新方法,开启成为变革者和新型领导者之旅,去重新打造这个世界。

塞格·S. 梅丁(Tsegga S. Medhin)

联合国妇女署(UN Women)北卡罗来纳州分会会长

我整个职业生涯都在等待这本书的诞生!本书的研究目的明确,采访的领导者背景多样,采访内容见解深刻,小测验切合实际,还有极具包容性的网上社区,可以让大家协力创造领导力的未来。

阿曼达·埃利斯(Amanda Ellis)

亚利桑那州立大学(Arizona State University)全球可持续性研究院夏威夷和亚太区执行主任、新西兰驻联合国前代表

很少有书能通过故事、小技巧和提问等方式分享最新的研究结果,让读者读起来欲罢不能,而这本书做到了。它将帮助所有女性从战略性的角度更深入地思考到底什么是事业成功和生活成功。

苏珊·R. 马德森(Susan R. Madsen)

犹他谷大学(Utah Valley University)

伍德伯里商学院(Woodbury School of Business)领导力和伦理学教授

我一直在努力赋权女性，平衡全球领导阶层的声音，而《她力量》一书充分验证了我的经验和领悟。珍妮弗和波西亚发现了女性在成为领导者时所面临的障碍和机遇，谢谢你们。坚持自我，你将拥有一段充实的领导者发展之旅。

安德烈娅·康纳（Andrea Conner）

雅典娜国际组织（ATHENA International）会长

《她力量》一书为那些希望能有更大发展的女性领导者提供了大量切实可行的建议，值得一读。珍妮弗·W. 马蒂诺和波西亚·R. 芒特整合丰富的专业和个人经验以及创新领导力中心深厚的专业知识，为女性打造了一个技能宝库。

莎拉·金（Sara King）

Optimum Insights 公司总监

《挖掘自身领导潜力》（Discovering the Leader in You）作者之一

这是一本关于领导力和生活的指南，文字巧妙，思想丰富，有理有据，贴近人心。不管你是在工作、行业、文化体验还是思维模式等方面遇到了玻璃天花板，本书都将提供精彩的故事、可靠的数据、可行的建议和实用的练习帮助你打破障碍。

布伦达·威尔金斯（Brenda Wilkins）

SoulPowered 公司联合创始人、总裁

推荐序一

人生没有天花板，做自己人生的 CEO

曾任克林顿政府财政部长办公厅主任、谷歌全球在线销售和运营部门副总裁的谢丽尔·桑德伯格曾写过一本畅销书——《向前一步》。在书中，她鼓励职场中的女性在遇到挑战时积极进取，勇敢地"往桌前坐"，成为领导者。

这里的"往桌前坐"，讲的就是要选择主动的人生。因为选择主动的人生是做自己人生的 CEO 的第一步。只有积极主动的人，才拥有人生的主动权，活得不纠结、不畏缩。

到底怎样才能在职场中实现自己的价值与梦想呢？《她力量》这本书，正契合当下"她时代""她经济""她力量"的趋势，它以一个全新的角度刻画了年华在女性身上沉淀出的醇美芬芳，用女性特有的多彩与灵动，诠释和解答了如何把自己打造成"有追求""有颜值""有能力""有事业"的全方位成功的女性。

在我的人生成长的过程中，我一直在不断地探求人生的主动性，这让我不禁想起孔子的"吾十有五而志于学，三十而立，四十而不惑，五十而知天命，六十而耳顺，七十而从心所欲不逾矩"，这是一种鲜活的生命状态，是一种因为求知，立志于学而对生命主动性的把握。对于现代女性而言，人生之所以可贵，就是能够始终将自己人生的主动权牢牢地把握在自己手中。

主动选择的人，从来不给自己框定界限，主动挑选喜欢的全世界，拥有欣欣向荣、高歌猛进的人生。坚持下去，做一名长期主义者，构建你的人生蓝图，才有可能真正过好这一生。

你是自己人生的绝对主角。你遭遇的每一个困境，都是你必须克服的关卡，每通过一个关卡，你就能暂时赢得人生的"开挂"。在高低起伏的人生旅途中，无论顺境还是逆境，始终乐观，保持一颗平常心，只要不放弃努力，一切都会朝着你的蓝图稳步前进。

当然，人生一场，不只是盼着那唯一的高光时刻，有高有低才是生命的常态。此时，不妨换个角度来想，天花板可以看作对你的奖励，它说明你一直在努力。我相信生命中"赢"的智慧，赢，不是超过别人，而是超过那个"过去的自己"。时刻与过去的自己相比较，如果此刻遇到困难的你，成功挨过那道坎，跨越现在的不如意，你就能有质的飞跃。就像游戏里的打怪升级，打败一个怪兽，你才能升到下一个等级。

在这本书中，珍妮弗·W. 马蒂诺博士分享了10个打破玻璃天花板的方法，无论你处在哪个时间段，都有值得借鉴与参考的角度，希望本书能给你以启迪。

张萌

畅销书作家、知名互联网商业顾问

推荐序二

1987年,美国创新领导力中心(CCL)的研究员们开始了一项名为"从历练中学习"的研究项目,希望系统地了解哪些经历塑造了卓越企业中的顶尖领导者。在数据收集的过程中,中高层领导者男女比例失衡的问题一下就凸显了出来,在参与研究的191位领导者中,男性领导者为189位,而女性只有2位。是哪些原因导致了这种失衡?女性在职业发展中遇到了哪些瓶颈?这些问题吸引了当时研究员们的注意。随后,CCL开启了一项专门针对女性管理者的研究项目,并根据这项研究的成果于1987年出版了《打破玻璃天花板》(*Break the Glass Ceiling*)一书。由此,CCL对女性领导力的研究有了一个系统性的开端。

此后的30多年,女性的职业发展环境受到了人们越来越多的关注。国家的法律保障越来越健全,社会支持系统覆盖的范围越来越广,越来越多的企业设立了女性领导力发展项目和女性网络群组,以此来支持女性领导者向上发展。虽然女性进入高阶管理层的人数有了大幅提高,但也只占到11%,而完成高等教育初入职场的女性占比多少呢?53%。两组数据对比之后,我们就很容易看到,大部分女性在晋升到中阶管理层之后,职业发展就停滞了。30多年前阻碍女性进入管理层的玻璃天花板变成阻碍女性进入拐角办公室的玻璃大门。

现在,我们身处的环境以前所未有的速度变化着。刻板印象被打破后又被重塑，女性角色被标准化后又被重新定义，身份、人脉、自我认知、生活方式，如此种种，皆是这千变万化无所不在的片片玻璃。从有形到无形，从外在到内在，从男性到女性，从所有人到每个人，这片片玻璃，将职场中的女性困住，阻碍她们再向前一步。

所幸的是，我们身边有很多人一直在为赋能女性领导者而不懈努力，本书两位作者珍妮弗和波西亚就是其中的佼佼者。她们都曾任职创新领导力中心副总裁，一位负责研究部工作，一位负责市场部工作，也都是突破自身限制的出众的女性领导者。她们将CCL在女性领导力领域的研究成果总结凝练，结合她们在女性高管领导力发展项目中对女性高管进行访谈辅导而得到的洞察见解，著成本书。本书中有研究、有方法、有技巧，既可以成为女性职业发展的指南针，帮助职场女性找准发展方向，又可以成为工具书，在她们遇到困难时帮助她们找到破解方法。它就像是拳击手套，在你击向那片片玻璃时，既能保护你，又能助力你每次的出击。

创新领导力中心进入我国已八年多，帮助了众多不同类型的企业发展女性领导力。我们发现，我国的女性领导者面临的职场环境虽然较为宽容，但她们在多重身份角色上的挣扎也需要更多人的关注。本书中文版的出版，一定会为我国女性领导者的职业发展带来些许裨益。当我们允许有更多讨论女性职业发展的声音出现时，当我们愿意帮助女性争取更多的职业发展空间时，我相信，女性的力量会让我们看到更加丰富的世界。

赵颐馨
创新领导力中心大中华区副总经理

序言

在筹划《她力量》这本书的时候，我们从未想过有生之年能看到它变为现实，那就是当时美国有可能将拥有第一位女性总统（申明一下：重点不是政治，而是性别）。可惜希拉里·克林顿（Hillary Clinton）在总统竞选中落败。在这场历史性的选举结束之后，我们开始思考，究竟还要等多久美国才可能会有下一位离总统之位那么近的女性出现。

总统大选结束之后，500多万女性（和男性）走上世界各地的街头进行游行，捍卫女性的权利。这次游行主要是唐纳德·特朗普（Donald Trump）当选美国总统后引发的一种反应，在美国尤甚。但我们也认为这次选举唤醒了某些沉睡已久的东西：女性应该站出来，在社会上发出自己的声音。那的确是令人振奋的时刻，一直到现在都是。

不管输赢，希拉里·克林顿能参加美国总统竞选这件事情本身，从女性领导者这个大方向来说都具有重要的意义。越来越多的男性和女性开始质疑，为什么在公共领域没有太多的女性领导者。是女性自己选择退出该领域，是她们遇到了阻碍，还是她们在克制自己？

女性领导者在哪里

要找到这个问题的答案，可以看看关于女性在职场遭遇"有毒"

环境的新闻潮。看看大众媒体上的新闻主题,就会发现一些有趣的事情。越来越多的女性愈加频繁地站出来,控诉她们在工作中遇到过性骚扰的问题,而且难以升职并留在重要的职位上。早前曾经报道过硅谷高管鲍康如(Ellen Pao)的经历。她因为遭遇性骚扰而一纸诉状将自己的前雇主——风投公司凯鹏华盈(Kleiner Perkins)告上了法庭。鲍康如的故事恰如打开了一个闸门,之后众多知名女性选择以自身职业发展为代价,曝光了她们所忍受的不利工作环境中阴暗的一面。在男性掌管的公司内,如果女性要么缺乏存在感,要么在扮演从属性的角色,那就意味着领导层中女性是完全缺席的,无法决定企业的文化。

大堤已经溃决。故事一个接一个地冒出来。大堤先是渗出细流,接着就是洪水漫堤。管理队伍和董事会忙着善后。公众和股东们施加的压力越来越大,男性高管和董事会成员只能辞职。但洪水已经泛滥,MeToo运动席卷而来。

MeToo运动的发起者是塔拉纳·伯克(Tarana Burke),该运动旨在赋权那些曾经遭遇过性侵、性剥削和性虐待的有色人种妇女和女童。十年后,网络上再次掀起MeToo运动,女演员们使用该标签曝光她们遭受传媒和娱乐业高管性侵和性骚扰的经历。MeToo运动揭露了那些行业里根深蒂固的厌女症,而这场运动最终蔓延到了传媒、政治生活,以及其他各种工作场所。全世界各行各业的女性们纷纷站出来说出她们悲惨的故事。之所以会产生允许那些恶劣行径出现的"毒"文化,根源有很多。不过很显然,领导层缺少女性和缺乏多元化是根源之一。随着这种故事的不断出现,我们开始思考,如果有更多女性出现在重要职位,那么情况是否会发生改变呢?

数据会让你看到,答案似乎非常明显。女性在职场中撑起了半边天,但在领导层面的代表人数依然不足。我们还要付出更多的努力,董事会中仍然缺少女性的代表。《纽约时报》(*New York Times*)的"Upshot"专栏称,公司董事会层面中的男性数量超过了女性,女性在执行管理层的代表也不成比例。《福布斯》(*Forbes*)杂志称,尽管女性的数量在慢慢增加,但财富500强企业中仅仅有6.4%的CEO为女性。

不过,我们终于可以针对玻璃天花板进行坦诚的对话了。玻璃天花板是指女性在升至高管层后就只能止步,无法达到最高职务的现象。关于玻璃天花板,我们发现了一些无意识的歧视。比如决策本身并无恶意,但阻止了女性升至高层领导岗位。我们了解到,一些女性之所以会升至最高职位,通常是因为公司或组织当时正处于最低谷。在那个时刻,女性通常会得到升职机会,因为那些岗位只是短期的,她们并不一定会在此后升至更稳定更重要的领导职位。这就是玻璃天花板。

明确的信息:我们需要更多女性领导者

我们需要更多的女性董事会成员和女性CEO。各个政治生活领域都需要女性。不管是环境变化、生育权、教育,还是社会公正改革,我们都需要女性在当今的重要问题上站出来进行领导。我们需要更多女性去领导公共、私营和非营利性组织。我们需要更多女性站出来担任重要的领导工作。我们需要男性和组织的合作,他们要懂得各机构中领导层加强多元化的重要性。

在这种背景之下,我们迅速承担起自己的使命:撰写一本书,鼓励女性遵循自己的价值观,坚持自己的追求,采取有意义的行动,努力追逐自己的事业和人生梦想。我们在创新领导力中心的研究显示，在深刻的自我意识之外，如果还能辅以评估、挑战和支持，就可以带来意义深远且长久的变化。

不同于其他关于职场忠告的书籍，我们并不打算帮助你解决问题，我们只是希望能让你了解前方将遇到的障碍，同你分享一些克服那些障碍的切实可行的建议。我们不会去告诉你应该怎么做，而是会传达一些被最新研究所支持的建议。我们也会分享一些领导者的故事，他们的经历将让我们看到把建议付诸实践的多种方法。我们在书中也会介绍男性的部分建议，因为男性也能给我们提出宝贵的建议，女性应该倾听一下他们的见解。在就女性的发展进行探讨时，男性的声音通常都会被忽视，而在就职场和社会的性别平等进行探讨和推进时，男性的声音同样至关重要。我们也鼓励自己和本书读者将书中的思想传递出去，更努力地为女性发声，为她们而努力。有数据显示，女性从小学起就已经开始远离领导者角色，这种情况让我们震惊，也让我们伤心。我们不能接受这种情况。每位女性都应该有机会去拥抱真实的自己，发挥自己的领导才能。

在撰写本书时，我们深知在美国种族和阶层差异的存在。我们并不想假装这些问题已经解决，或者说已经得到充分的关注。事实上，有色人种的女性和白人女性、特权阶层的女性和贫困女性，或者说性别认知非常传统的女性和性别认知灵活的女性之间均存在颇多差异，这一点是不可忽视的。交叉性是关键问题，而且现代女权主义正在努力解决这个问题，女性也正在了解种族、阶层和性别认同对女性在公共生活中的参与度和关注度的影响。这些因素通常决定了究竟谁能发声，谁的声音又能得到他人的信任。我们俩，（波西亚）一个是美国黑人，（珍妮弗）一个的祖先来自欧洲，移民来到美国后又有了几代人。我们在撰写《她力量》一书时，深知大家在职场中的经历千差万别。尽管存在巨大的差异，但身为女性，我们的经历还是会有相同的地方。这本书难以覆盖所有相似之处，所以我们希望能够在线上论坛和我们的演讲中继续进行探讨。

我们采访了数十位已经取得一定成就的女性和男性。他们有些有蓝领背景，有些是第二代移民，还有些年轻时曾经生活在世界的其他地方，背景和种族不一。能采访到这些杰出的领导者，实属幸运。我们也埋头翻阅了创新领导力中心全球各地同事数千页的研究报告，以了解学者、记者和思想领袖的各种观点。我们的结论是什么？有大量的工作可以帮助女性和其所在的组织来支持女性领导者。我们的目标就是通过本书的网络平台及其网络社区来传播已知的知识，让全世界更多的女性了解到这些知识，并且使用这些知识来推动应用，促进研究。

就个人角度而言，撰写《她力量》对身为妻子、母亲和专业人士的我们来说是种挑战，它也改变了我们。在撰写本书的过程中，丈夫大卫和我（波西亚）在多年不育之后选择了收养孩子，我们的家庭成员增多了。孩子们是我们意想不到的礼物。突然之间，我们就开始忙着换尿布，进行如厕训练，学着怎么和蹒跚学步的孩子相处。我必须调整自己，去适应成为有两个孩子的职场妈妈这个身份。孩子们让我的职场生活发生了很多变化，也让我在工作安排上遇到了众多挑战。其中一项挑战就是帮助吉迪恩适应家里的变化。他曾经是家中的独子，现在有了妹妹科利。似乎家里增加一名新成员还不够麻烦。在撰写这本书的后期，我又得到了一份相当不错的新工作。我开始为即将离开自己在创新领导力中心的领导岗位而伤脑筋。十多年来,我的事业正是在创新领导力中心得到了全面发展。家里刚刚多了一个小成员,现在又要换工作,这两件事情碰到一起真的会产生冲突。在筹划这本书时,我曾经采访过一位 CEO,与她进行了相当深入的探讨。也正是在回想这次探讨时,我意识到这正是我需要去抓住的那种机会。我已经做好准备了。2017 年年末,我选择跳槽,接受了全球制造企业英格索兰公司(Ingersoll Rand)副总裁、战略营销全球负责人的工作。这是一个全新的岗位。

我(珍妮弗)是三个孩子的母亲,孩子们都已经长大。在撰写《她力量》这本书时,我也经历了自己的变化。丈夫吉姆和我将成为空巢老人,这是家庭生活的一种重要变化。大女儿莎拉刚入职场,新婚不久。儿子克里斯托弗大学毕业,即将进入法学院学习。小女儿格雷丝则刚刚进入大学。我们夫妻二人要考虑下一阶段的个人生活和工作发展,这既让人兴奋,又让人有点担心。在这本书即将出版之际,我将迎来自己在创新领导力中心的第 25 个年头。刚进入创新领导力中心时,我还是一个年轻的研究员,现在已经是执行高管层中的一员。我的思想已经成为我留给创新领导力中心的一笔财富。尽管距离退休的时间还很长,但我还在不停思考,究竟要在创新领导力中心的哪个领域留下自己的印记,答案非常明确。女性领导力的研究是一个大课题,而这本书就是其中一部分。我们与创新领导力中心全球杰出的研究人员和实践者合作,分析了女性可以如何成功地进行领导,以及组织应该如何帮助更多女性领导者取得成功,让更多女性发现自身的领导潜力。撰写这本书促使我充分借助这支由男性和女性共同组成的队伍,利用他们可靠的专业知识,抓住全球的发展趋势,推动更多女性进入领导岗位。

我们希望这本书能够帮助你实现自身的事业和生活目标，希望书中精彩的故事和理性的建议能够激励你采取行动，在遇到艰难险阻时仍然保持动力。经验告诉我们，职业发展的管理没有对错之分。你可能想成为 CEO，也可能不想；你可能觉得自己的发展方向是创业，而不是成为企业高管；你可能想成为某所学校或非营利性组织的领导者；你可能已经做好准备竞选某个公职。不管是什么，你的想法都非常棒！我们希望你能用到这本书中的信息和经验教训，将它们完全变成自己的东西。你可以走上通往梦想实现的道路，在这个世界发挥自己的影响力，这才是最重要的。我们希望这本书能够给你往前大步迈进的勇气，即使终点看上去还很远。做真实的自己，这将改善你的家庭、你的组织、你的社区以及你自己。

最后，如果这本书打动了你，让你进行了思考，或者说让你有兴趣去尝试此前想都没有想过的挑战，请一定要告诉我们。请和我们分享你的所得、你所面临的情况、你的处理方法以及你的成绩。我们希望能听到你的分享。

让我们共同打破玻璃天花板吧！

前言

成功的标准是什么？坦率地讲，答案并不重要。这个问题本身就存在一定的误导性。换个说法来试试：就你个人而言，你觉得怎么样才算成功？对处于职业生涯中期的女性而言，可能很难给出答案。文化对女性的期待、体制性障碍、所承担的责任被人们低估，所有这些和其他问题一起成了无形的障碍，影响着女性在职场的表现、被接受度、行为和成功与否。但这些障碍也不是真的完全无形，它们都是玻璃做的，我们可以透过这些玻璃看到另一边的奖励，却无法伸手穿过玻璃拿到那些奖励。在此，我们想说的就是，打破那块玻璃！确定自己衡量成功的标准。过自己热爱的生活，去创造自己想要的奖励。

正因为如此，我们决定撰写本书。在着手工作后，我们做出了三个重要的决定。首先，《她力量》的内容将不仅仅局限于这本书中，我们还会建设网站 www.kicksomeglass.com。你可以访问该网站，同我们进行更多的对话，获得更大的发现。其次，我们两人都是创新领导力中心这个杰出组织的成员，我们深信在提升领导力的过程中必须参考引用那些实证研究和实践，所以本书的各个章节借用了创新领导力中心的同事们丰富的知识和实践经验。最后，我们对数十位成功的女性和男性高管进行了采访，了解他们的经验。我们致力于让对话突破"女性能做什么"这个话题，为此我们通过访谈和研究来了解男性和组织可以如何来鼓励、支持和指导女性担任领导者角色，并且在书中介绍这些经验教训。

《她力量》这本书不是一个由12个步骤组成的项目，不是宣言，也不是回忆录。它希望能让你看清楚真正的自己，帮助你发现自己此前想都没有想过的潜能。不管怎样，你才是最了解自己的专家。本书中的练习将会帮助你进行深刻的内心分析，实现长久的、有意义的个人和事业上的改变。你将透过表面去深入了解那些会导致恐惧、机会被错失，以及自我破坏行为的心智模式；你将懂得哪些价值观能够帮助你真正懂得自己每天面对的选择和妥协；你将明白如何利用自己所需的强大关系网络去寻求支持，督促自己实现自身追求；你将知道哪些切实可行的方法能够帮助你照顾好自己，拥有更高质量的睡眠，缓解压力，保持最佳状态。我们鼓励读者们去创造持久且深刻的内在改变，而这个思想将贯穿全书。这些改变将会帮助你走出困境，迈上通往成功的道路。成功将由你自己来定义。

书中的这些章节将帮助你发现自我，获得发展。

第1章：保持初心。职场女性在工作内外要扮演多种角色，这就要求她们必须懂得权衡，做出选择，并且接受这些选择和妥协。你要懂得哪些价值观会影响你有意识地去进行选择，从而把控自己的生活。

第2章：把握自己的权力。本章会重点介绍能动性，这也是创新领导力中心女性领导力研究的核心主题。创新领导力中心的研究显示，女性不会清楚地区分工作和生活，她们一般是把工作和生活掺杂在一起。本章将会探讨哪些有意识的和无意识的心智模式会影响我们的选择，甚至有时候会导致自我破坏行为。

第 3 章：找到自己的成功之路。什么样的生活或事业可以被称为成功？成功的定义各种各样，这个问题没有固定的答案。本章将探讨我们对女性有哪些了解，以及女性如何来推动（或影响）自身职业的发展。我们将帮助大家定义自己的成功。本章将用到第 1 章中关于价值观的小练习。

第 4 章：搭建人脉网。本章探讨的是建立强大支持网络的重要性，该网络将会为我们提供帮助，让我们从中找到能尽心尽力监督并指导我们发展的伙伴。我们会介绍导师和保荐人之间的区别，分析为什么女性倾向于寻找过多的导师，而对保荐人重视不足。我们将会分析并确认如何来建设自己最需要的关系网络。

第 5 章：克服冒名顶替综合征。感觉自己就是冒牌货，对自身缺乏信心，这些现象导致女性不敢为了个人成就和职业发展而冒险。数据显示，女性不同于男性，不会"先假装自己做得到，直到自己真正做到"，也不敢去直面和克服冒名顶替综合征。

第 6 章：拥有健康的体魄。如果身心都不是处于最佳状态，你就无法高效进行领导。本章将分享创新领导力中心关于睡眠、锻炼、饮食和抗逆力的一些研究和实践工作。

第 7 章：我是母亲，但不会退出职场。本章讨论的是当母亲的身份和工作发生冲突时该怎么办。我们将分析母亲的身份对职场的影响，如何来兼顾这两种身份，并实现自己的追求。要均衡这两种身份，关键在于要懂得身为母亲并不意味着你就要放弃自己的职业发展。

第 8 章：重新定义工作和生活的平衡。本章将介绍创新领导力中心对工作和生活的平衡的研究（请注意，我们讨论的不是如何平衡，而是如何以最合适的方法来整合工作和生活）。读者们可以访问www.kicksomeglass.com/wli 进行工作生活指标测评。

第9章：成为气场强大的办公室女王。我们都曾听说过，成功的领导者必须有领袖气质。什么是领袖气质？如何来培养这种气质？你的气质必须和自身的价值观保持一致，必须是自然流露出来的。它不是要"看上去像"高管，而是要懂得自己是谁，并且保持自我！

第10章：将爱传递。女性从小时候起就开始回避领导机会。本章将着重分析如何来重新定义领导力，让年轻女性能够提升对自身领导力的认知。

我们将会在后记中进行总结，汇总所有相关知识点，激励读者勇往直前，实现自身追求，成为领导者。

另外，特别要说明的是，我们访问的对象有男有女，书中也引用了他们的故事。在每个章节介绍这些采访对象时，我们都采用了全名，此后均只使用他们的名。除部分人之外，其他人都同意使用真名，在此对他们表示感谢。对于那些希望保持匿名的人，我们也遵照他们的意愿，在讲述他们的故事时均采用化名，在此也一并对他们表示感谢。

谨将此书献给我们的母亲

埃伦·弗莱明·韦尔斯(Ellen Fleming Wells)和芭芭拉·莫罗·威廉斯(Barbara Morrow Williams)

是她们赋予我们生命,抚育我们长大,让我们勇敢地打破玻璃天花板。

创新领导力中心简介

创新领导力中心（Center for Creative Leadership，CCL®），1970年成立于美国，专注于领导力研究与发展，是领导力发展领域的开拓者和定义者。CCL 面向个人领导者、团队、组织和社会提供领导力发展服务，并为各类组织机构的转型和创新提供全方位的战略伙伴支持。CCL 是唯一连续 17 年登榜英国《金融时报》的高管教育机构；CCL 还被美国《商业周刊》评为全球高管教育机构前 10 名，并在该刊曾发布的领导力发展专项排名中连续 6 年蝉联第一。CCL 总部设于美国北卡罗来纳州格林斯博罗，在科罗拉多州科罗拉多斯普林斯、加州圣地亚哥、比利时布鲁塞尔、俄罗斯莫斯科、埃塞俄比亚斯亚贝巴、南非约翰内斯堡、新加坡、印度古尔冈、英国伦敦、德国柏林和中国上海都设有分支机构，每年为来自 160 多个国家的 3000 多个机构及其 8 万多名领导者提供服务。

联系我们（CCL 大中华区）：
电话：+86 21 6881 6683   邮箱：ccl.china@ccl.org
地址：上海市浦东新区龙阳路 2277 号永达国际大厦 901 室
更多 CCL 的研究分享以及课程介绍，请关注 CCL 官方微信公众号或登录 www.ccl.org。

CCL 微学习

目录

001　第 1 章　保持初心

女性要保持真实的自我,就必须要懂得权衡,有意识地做出选择,为了生活中的某些东西而有所取舍,从而把控自己的生活。

025　第 2 章　把握自己的权力

发挥能动性,拥有足够的力量,就是过自己想要的生活并拥有理想事业的终极方法。

045　第 3 章　找到自己的成功之路

成功的定义和成功的道路没有定式,关键在于要适合自己。要如何走到成功这个目的地,取决于你的价值观、你的追求以及你的独有贡献。

063　第 4 章　搭建人脉网

人脉网的真正核心在于它是否能为你提供不同的信息源和不一样的机会。

087 第 5 章 克服冒名顶替综合征

> 冒名顶替综合征会破坏你的自信。命运掌握在自己的手中,目标究竟能实现多少也完全取决于你自己。

105 第 6 章 拥有健康的体魄

> 如果身心都不是处于最佳状态,你就无法高效进行领导。除了强调睡眠、起床程序、合理的饮食习惯和定期锻炼之外,还有一点很重要,那就是培养你的抗逆力。

125 第 7 章 我是母亲,但不会退出职场

> 尽力平衡工作和生活的关键在于,让女性懂得成为好母亲并不一定意味着要放弃自己的事业,甚至连暂时放弃也不用。

143 第 8 章 重新定义工作和生活的平衡

> "平衡"并不意味着始终保持相等,而是指找到或建立合适的生活方式,懂得自己的偏好,然后选择相应的方法。当你能以最适合自己的方式来管理生活的多个组成部分时,工作和生活才能兼顾。

157 第 9 章 成为气场强大的办公室女王

> 优秀的个人品牌立足于部分事实（你当前能做到的事情）、能力范围（你可以做到，但必须付出一些努力）和挑战性目标（需要付出大量的努力才能实现）。当你清楚知道自己是谁和想要变成谁，并且以此来树立自己的品牌时，你就完完全全可以成为气场强大的办公室女王！

177 第 10 章 将爱传递

> 重新定义领导力，打破女孩们从小就回避领导机会的障碍，让男孩和女孩都认为自己可以做领导者。

193 后记

CHAPTER ONE

第 1 章

保持初心

像我们会永生一样开心生活,把每一天都当作最后一天好好珍惜。

达娜·博恩(Dana Born)

美国退役空军准将

哈佛大学肯尼迪政府学院(Harvard Kennedy School of Government)

公共政策学院主任

> **思考一下**
>
> - 在人生的每个阶段都保持初心,为自己设计一段有意义的人生,这对你来说意味着什么?
> - 如何明确自己内心深处最重要的价值观?
> - 在实现理想的同时如何进行选择和必要的权衡?

她力量：独立女性的成长修炼

事业型女性通常在上大学时就已经对自己"长大后"要干什么有了一定的认识。可是在职场驰骋多年以后，随着角色或工作单位的变化，或者是对自身的理想角色有了新的考虑，她们可能会怀疑"我在这到底是干什么？"或者是"这真的是我想做的事情吗？"但休·科尔（Sue Cole）就不会这样。休曾经担任一家国家级金融机构的CEO，现在已经退休。她明白自己看重什么，并坚持不懈地追求自己的目标，就算生活和价值观已经发生改变也不放弃。她在16岁时得到了第一份"真正的"工作。当时她生活在美国南部的一座小城，驾照刚刚拿到手，她就开车来到小城的一家珠宝店找工作。满腹狐疑的经理问她："我为什么要聘请一个毫无工作经验的人？"休回答说："你会很高兴自己做出这个决定的！你要我干什么我就干什么。我可以卖钻石，也可以去负责礼品包装。"于是经理当场就拍板聘用了她。这份工作让休走上了和父母截然不同的道路。她的父母非常善良，富有爱心，分别在建筑和教师岗位上兢兢业业地工作。但在家里，他们既没有非常重视教育，也没有花太多时间去陪伴自己的三个孩子。

休感觉自己天生就是一个创业者，她想干点不一样的事情，要不同于身边的那些大人们。她想要独立，想自己养活自己。在能合法驾驶之前，她已经开始开展两项业务：一是提供草坪修剪服务；一是临时照看孩子的服务。后来，她从事了各种各样的工作，上大学后还住在家里。她靠自己来支付大学费用，相信那个文凭将能够帮助她获得独立，自己养活自己。在结婚并完成大学学业之后，她进入了银行业。休深爱她的丈夫，两人共同育有两个女儿，而她在这个过程中一直全职工作。随着生活的继续，她的追求也开始发生变化。对休来说，挑战和时间的灵活性与独立和自给自足一样重要。

第 1 章　保持初心

　　休既是职场女性，也是妻子、妈妈，这三种身份让她在时间上需要一定的灵活性。在工作中，休会根据自己所需要的灵活性进行决策。对她来说，这三种身份都相当重要，所以不管什么岗位，如果可能会影响到其中的某一方面，她都不会加以考虑。但她并不会逃避职场中的挑战。在孩子们长大后，作为母亲的她不用再照看孩子了，这时职场挑战变得更加重要。她开始接受更加艰巨的挑战。此后，她的丈夫被诊断出癌症晚期，只剩下六个月的时间。于是她辞去了银行业的工作，选择在投资领域兼职工作，为的是有更多时间与丈夫相处。对生活的热爱让她的丈夫又坚持了 11 年。在这段时间里，她意识到自己并不喜欢兼职工作，但也想不透个中缘由。最后，她明白自己需要一份更具挑战性的工作！所以她创立了自己的咨询公司，提供战略、领导力发展和公司治理指导等服务。不管是在工作中还是生活中，休的核心价值观（挑战、时间的灵活性、独立和自给自足）指导着她进行决策，让她始终保持自己的初心，朝着自己定义的成功人生迈进。

保持初心

　　如何来定义成功的人生？对很多没有成功人生的女性来说，思考这个问题是一种奢侈。当需要支付账单时，她们没有机会去思考当前所做的工作是不是自己真正想做的事情。如果你也是这种情况，那么想一下这个问题，它将帮助你更好地把控自己的未来，即使你当下没办法做出任何改变。问问自己，你现在所从事的工作是自己真正想做的事情吗？思考这个问题可以帮助你对当前的状态稍加调整。这些小小的改变将让你走近自己一直梦想的未来。时光匆匆，而改变很慢，所以请暂时停一下，让自己能够去深刻地反思一下：我真正想要的是什么?

针对这个问题有积极的回答,也有消极的回答。消极的回答是:"我距离起点已经太远,已经偏离了正确的轨道。我必须改正这个问题。"请稍等,这番话会给你什么样的想法和感受?不要去纠结那些想法,让我们来对比一下积极的反应和消极的反应之间的差别。积极的反应是:"我现在所走的道路并不符合最初的期望,但我已经从中掌握了技能和知识,也与同事和同伴们建立了良好的关系,同时我还拥有了一定的经验和经历,这些是不管用什么我都不愿意与之交换的。如果我坚持最初的道路,可能就会错过这些经验和经历。我要怎么样从过去的工作生活中吸取经验教训,思考和憧憬未来的发展方向呢?"

西班牙豪华酒店总经理苏珊娜·马林(Susana Marin)深谙一个道理:她最希望给他人留下坦诚和公正的印象。这是推动她前行的价值观和追求。就算她知道,有时候因为听众或具体情况不能把事实全盘说出来,她始终坚持实话实说。她会尽最大努力进行分享,不会因为战略决策或个人隐私而做出妥协。苏珊娜的另一个追求就是激情。"身为领导者,我必须对自己所做的事情充满激情。"她说。

生活就是一连串的选择,哪怕选择什么都不做。你究竟是如何变成现在这个样子的?随着时间的流逝,答案可能会显得模糊,但你可以一层一层地去剥开自己的选择,发现究竟是什么因素促使自己做出那些决定的。你会发现一生中有哪些因素曾经指引自己的方向,也会知道如何来处理那些无法帮助你创造理想未来的因素。这也正是本章节的主要内容:创造自己想要的生活。设计自己想要的生活,什么时候都不会晚。

你碰到了什么样的绊脚石

你碰到了什么样的绊脚石？你可能不知道这个问题的答案。众多女性为什么没能坚持初心，原因多种多样。在《站在十字路口》(*Standing at the Crossroads*)一书中，玛丽安·鲁德尔曼（Marian Ruderman）和帕蒂·奥洛特（Patty Ohlott）分享了高层女性领导者是如何坚持真实的自我的，也就是如何在为人处世中遵循自身的价值观的。女性要保持真实的自我，就必须有意识地做出选择，为了生活中的某个方面而有所取舍。女性在进行那些选择时面临的四大压力分别是：个人期望值、他人期望值、组织惯例以及文化信仰和习俗。让我们来看看这四种压力是如何影响事业型女性的。

个人期望值

之所以撰写这本书，一个重要的原因就是我们希望能分享自己在职场和个人生活中的经验教训，借此帮助其他女性开创自己的道路。我们自身的故事就可以充分说明追求对个人选择的影响。我（珍妮弗）的故事就是一个很好的例子。

高中接触过基础心理学课之后，我决心成为心理学家。进入大学之前，按照我的理解，心理学家要么是临床心理学家，要么是心理咨询师。我想象着自己认真倾听病人的倾诉，对他们表示理解，然后帮助他们解决问题。大二时，我认识了本校一位工业和组织心理学专业的研究生，我很好奇她为什么对那个方向的研究感兴趣。对此，她很坦率地说："我不想整天和有病的人打交道。"那句话一下子击中了我，我的内心恰如烟花厂发生了剧烈的爆炸一样。我从未想过自己未来的来访者是处于生病状态的，我只是觉得他们需要帮助。从那以后，我进入了心理咨询领域，我深信自己的想法是正确的，我未来的来访者并不是有病的。我非常尊重临床医生和咨询师，也尊重那些去寻求心理咨询服务的来访者。但与此同时，那番话让我了解到这些人在那些岗位上有过很多极端的经历。我意识到自己并不确定那份职业是否适合我。我决定对工业和组织心理学做更多的了解，给自己一些选择的机会。我选修了那位研究生的一门课程，发现在那个领域可以找到很多自己喜欢的事情。

自此，我的目标变成了读工业和组织心理学的哲学博士。我决心要进入顶级研究生院进行学习，所以我在大学时学习非常刻苦，时刻在为研究生入学考试做着准备。我还在一家机构找到了一份实习生的工作，可以让我有机会获得工业和组织心理学领域的实践经验。当时，我在合租的公寓内用便笺写着"4.0"（很高的成绩平均分）和其他想要实现的小目标，这些将帮助我实现去往研究生院的大目标。一位室友现在还记得那些便笺，她现在依然是我的好朋友。

我获得了工业和组织心理学的哲学博士学位，并且进入了创新领导力中心，从最基层做起，担任兼职的临时研究员。在职业生涯的某个阶段，大概是在其他地方经历了一些磨难之后，我曾经一心想进这家机构工作。这是一个多么好的机会呀！在创新领导力中心可以进行应用研究，这让我非常开心，也希望自己能一直进行这项工作。事实上，我丈夫大力支持我，鼓励我接受挑战，这种支持是无人能及的。在创新领导力中心工作大概一年时间之后，我丈夫问我是否愿意在事业发展的某个阶段担任领导工作。我回复称自己对领导工作不感兴趣，我想要做的是"干实事"。我对"干实事"的理解就是进行应用研究，去影响领导者及其组织。上文提到，研究显示，女性早早就开始远离领导者角色了。我也一样，从未觉得自己会是个领导者。在学校时，我从未主动去竞选过正式的职务，例如班长或俱乐部主席等。在研究生院时，我也从未想过要去牵头某个项目，我甚至对领导者本质的理解也比较狭隘。从广义上来说，领导者不仅仅是指有一个更高的头衔，还要在行为上能引导其他人，而且后者更为重要。在创新领导力中心工作的早期，我终于明白了领导者的广义。我发现自己在年轻时就已经在扮演领导者的角色了，而且人们也认同我的领导能力，比如队友们曾经选举我担任高中游泳队的联合队长。

意识到这些后，不管自己扮演的是什么角色，不管该角色是否有正式的头衔或职务，我都尽力发挥自己的领导能力。事实上，我对"干实事"的理解随着时间的流逝也发生了变化。这个变化促使我不断去发掘自己的价值观和追求，也决定了我在一生中会如何坚守自己的价值观和追求。不管是在就读研究生时还是在职场初期，我都没有想到过自己有一天会成为现在的样子。我走的这条道路并不是刻意的或按照规划而来的（我在后文中将进一步探讨这个问题）。我在职场中也曾经困惑过、沮丧过、怀疑过，但我会刻意地寻找新机遇，让自己能有机会去积极地影响领导者，影响他们的组织，影响他们的社区，从而积极地影响这个世界。这种价值观和追求一直指引着我在职场做出各种选择。

从我的故事可以看出，哪些因素会阻碍女性坚持自己的追求？我对领导者角色的种种假设导致我从未想过自己会担任领导者。我的期望值也促使我不会考虑那些角色。我的故事不是个例，绝对是普遍现象。研究告诉我们，女性在从事某项工作之前必须确信自己是100%符合相关岗位要求的，而男性会更加积极地争取新机会，就算过往成绩显示他们尚无能力承担更大的责任。

　　幸运的是，有些男性注意到了女性不会去积极争取这种现象。创新领导力中心总裁、美国退役海军中将约翰·瑞恩（John Ryan）在海军服役期间一直同男性和女性合作，带领他们开展工作，并且后来曾担任美国海军学院（US Naval Academy）的负责人和纽约州立大学（State University of New York）的校长。他发现，女性在机会出现时不会马上毛遂自荐，因此他鼓励女性不要退缩。"只有在执行过第一次任务之后，你才会知道怎么驾驶真正的飞机，此前都只是在飞行模拟器里模拟驾驶，"他说，"你永远无法为下一份工作做足准备，你都还没有去试过。你必须做好准备边干边学。"约翰说得没错，只有第一次独自驾驶飞机，你才懂得飞行时的种种细微之处。但你必须先在模拟器里进行学习和练习。你要知道如何控制飞机，懂得与飞行相关的物理知识。我在领导岗位的第一次模拟操作就是担任游泳队的联合队长。是的，担任游泳队的队长根本没有领导跨国组织的人员和项目那么错综复杂。但现在回头来看，我觉得那份工作就是在练习自己的能力。回想一下，人生中有哪些时刻是你在将自己的领导才能付诸实践的？

　　我们采访的另一位男士克里斯曾经在多个领域担任过领导人，比如慈善机构、科技行业，以及一家非营利性组织。他发现，女性团队成员不会像男性那样去积极地争取机会。他认为原因在于男性通常被告知"抓住机会，已经给你开了绿灯，去争取吧，抓住今天"，而女性则被告知"不要着急，你确定自己想要迈出那一步吗？那个人或这个人会支持你吗？"所以克里斯是如何支持其女性同事去克服这个难题的呢？多年的经验已经告诉他，对女性同事来说最佳的方法就是认真倾听她们的想法。"我觉得身为男性，解决问题是天生就具备的一种能力，"他说，"但我也发现，对团队成员最好的支持就是尝试去理解她们的处境，而不是直接解决问题。"约翰和克里斯的态度都验证了研究结果，即女性可能会怯于推销和宣传自己。这种踌躇不前会导致她们没法坚持自己的追求。

他人期望值

当我们敢于在职场中争取机会时，很多时候却又只会根据他人对我们的期望来做出决定。常见的例子就是女性想在职场拼搏，而家人却希望她们回家照顾孩子，这两种想法就会产生冲突。那种期望的强度因文化而不同，陶琼（Joan Tao，音译）律师的故事就是一个很好的例子。

陶琼的父母于20世纪60年代中期从中国台湾来到美国读研究生。此后陶琼在美国出生，成为家中的第一代美国公民。相比同时代的女性，陶琼的母亲受到了良好的教育。陶琼的外祖母曾经在日本学习过制药，其外祖父是位医生。外祖父母都忙于家族的行医工作，在陶琼的母亲的成长过程中参与较少，所以陶琼的母亲在有了小孩后决心花更多的时间来陪伴孩子。在取得研究生学位后，陶琼的母亲成为家庭主妇，积极地参与到陶琼的成长中。

陶琼年轻时就明白，家人不希望她"下嫁"，也就是嫁个职场追求和她相当或比她更高的人。后来，她的确遇到了一个父母看得上的对象，可是对方的父母认为她太过强势，不符合他们对未来儿媳的期望。陶琼觉得她需要不得不自贬身份才能取悦他人，这点让她颇为生气。

那段爱情最终没能开花结果。陶琼最终的结婚对象并不认为成功就是得到他人的赞许。不管是之前在律师事务所还是后来成为公司法律顾问,他始终支持陶琼追求自己的事业。母亲也会鼓励她,但母亲的态度一直是摇摆的。她会问陶琼:"你怎么不在家陪孩子们呢?"或者问她:"你为什么不嫁一个能够让你在家做全职妈妈的男人?"陶琼的丈夫是一位大学教授,在抚养孩子方面,他比陶琼的父亲(及其大多数同代人)要积极得多,所以陶琼和丈夫根本就不担心孩子们会缺少父母的监护和指导。有时候陪伴孩子们的是陶琼,有时候指导孩子们的是她的丈夫。这种安排让陶琼可以继续追求自己在法律领域的事业,尽管她需要加班加点工作,也常常要出差,不过这种方式也必然有别于陶琼父母此前抚养孩子时的传统分工方式。她的选择也和母亲当初的选择不一样。

陶琼的故事让我们看到,他人的期望(或者他人可以帮我们进行的选择)会让我们在进行选择时承受一定的压力,例如父母或未来结婚对象的期望。陶琼的母亲希望她能够时刻陪伴在孩子身边,成为一个好妈妈。那种养育子女的方式让陶琼感到是种负担。陶琼违背了母亲对她的期望,但内心深处并不能彻底摆脱那些想法。有时候想到自己违背了母亲的期望时,她心里还是会感到很内疚。

组织惯例

全球女性领导者的数量在下滑。为了能弄清楚背后的原因,创新领导力中心和女性高管网(Network of Executive Women,NEW)对900余位女性进行了调查,了解她们在工作中遇到的障碍。创新领导力中心研究员埃米莉·胡尔(Emily Hoole)、琼·布里顿·莱斯利(Jean Brittain Leslie)、香农·本迪克森(Shannon Bendixen)、罗伯特·所罗门(Robert Solomon)和雷吉娜·埃克特(Regina Eckert)发现，工作和生活之间的冲突是最大的障碍，排名第二和第三的障碍则都和组织的惯例有关。排名第二的是"被忽视或被低估"，排名第三的是"被埋没"。我们将会一一来详细说明。

关于"被忽视或被低估"，调查对象反映，她们得到的关于领导岗位的培训不如男性同事多。她们通常被排除在重要的商业对话之外，她们被告知尚不适合承担更多的责任，而且她们的工作成绩和贡献也得不到应有的认可。

莱斯莉·乔伊斯（Leslie Joyce）对此深有感触。她自信上进，能力出色，已经进入公司执行层，曾担任过一家大型跨国制造企业的首席人事官和一家消费品公司的首席学习官。但这么优秀的工作经历还不足以打败一家公司固有的组织惯例。前面两家公司都有着强大的文化，致力于提升领导力、加强多元化和推动女性的发展。但最后这家公司不一样，莱斯莉在这家公司经历了一场关于偏见的完美风暴。她是女性，在一家举步维艰的公司领导某职能部门。公司人人都喜欢她，但她打不进都喜欢体育的男性"小群体"。她领导的是职能部门（成本中心），而不是业务部门（营收中心）。虽然未被邀请参加战略会议，她还是坚持出席了该会议，并且发现大家接纳了她，她所提出的建议和意见也得到了大家的认可。为什么此前不邀请她呢？公司给出的解释是他们没有想过要邀请她，他们没有想到过她或她的观点和会议主题"有关系"。作为人事战略的负责人，她深信自己的观点始终是重要的。莱斯莉最终从那家公司离职了。她的贡献被大家忽视，没有得到应有的重视。

玛尔塔·格劳（Marta Grau）在负责所在出版公司的重组时也遇到了同样的阻碍。高管团队对生产部门的安排没有确切的想法。玛尔塔从中发现了机会，于是主动揽下这项任务。她此前负责公司的人事工作，而且从进入职场起就一直在公司的人事部门工作。当老板表示她对生产不了解时，玛尔塔说："您说得对，我的确不了解生产。但团队中没有其他人了解生产，而且我可以学习。我保证自己能提供生产部门的其他领导者所不能提供的帮助和资源，因为我对人事方面的了解远超其他人！"玛尔塔最终争取到了那项任务。在两年的时间里，包括质量、生产过程和即时交付等，生产部门的各个指标都得到了改进。玛尔塔将自己被低估的时刻变成了职业生涯的高光时刻。

本次研究有一组对象是女性中层管理者。这些被调查者所提到的"被忽视和被低估"的次数要超出其他级别的被调查者。我们撰写本书也正是这个原因！担任中层管理者是女性职业生涯中至关重要的阶段。如果女性中层管理者被忽视和被低估的情况要比其他级别的女性多，她们就必须知道为什么会出现这种情况，她们或其他人又能如何解决这个问题。

第二个阻碍就是"被埋没"。被调查者表示，公司常常会质疑她们的资格，拒绝为她们提供信息，而且老板或上级不愿帮助她们获得职业发展。

这些都是女性整体遇到的障碍，而有色人种女性遇到的障碍更大。有色人种女性对自身职业的满意度也低于其他女性。有趣的是，在本次研究中，与白人女性相比，有色人种女性并不认为她们在很多情况下必须被动地进行权衡和妥协。这些研究发现让我们产生了疑问。同白人女性相比，更多有色人种女性觉得她们被埋没，满意度也更低，可为什么她们并没有同样地认为身为高级领导者要被动地做出妥协呢？如果你也是有色人种女性，这种情况对你来说熟悉吗？

第 1 章
保持初心

创新领导力中心和女性高管网的研究也显示,女性之所以会在企业或组织内遇到障碍,可能是源于第二代偏见或无意识的偏见。人们会对不同于自己的群体形成一定的社会成见,但自身却意识不到这些成见的存在。组织内关于女性的无意识偏见主要源于以下几方面。

- 传统的领导者形象通常与一些男性特征联系在一起。因此当人们被问到哪些人具有出色的领导素质时,他们通常想到的是男性,而不是女性。
- 女性在高层领导者中找不到可以效仿的榜样。女性看到的多数领导者角色并非女性,自然就不太可能认为自己会成为领导者。
- 职业发展道路和工作通常与性别挂钩,或者被性别决定。例如,跨国公司通常要求员工在升任领导者之前外派到国外工作,相对男性,很少有女性会为了工作轮调而举家搬迁,所以晋升到高层领导岗位的女性也相对少一些。
- 女性要遵循更高的标准,但获得的奖励更少。不管是哪个行业,哪个国家,或者是哪个年龄群体,女性的收入都要比同岗位男性的收入低。例如,数据显示,女性的年收入大概是男性收入的80%。对于黑人和拉美裔女性来说,情况更加糟糕。她们的收入分别只有男性的63%和54%。为了能实现与男性同工同酬,女性必须发挥更强的能力。换言之,女性只有承担更多的工作,取得更出色的工作成绩,其收入才能与工作量相对较少且工作成绩一般的男性相等。
- 男性有人脉网为他们提供信息和支持,而女性通常被排除在该网络之外。当有岗位出现空缺时,"你可以推荐谁"这句话通常会发挥重要作用。如果女性的人脉网不如男性广,而且人脉网也不能为她们提供机会,她们就无法被他人推荐成为晋升的候选人。

- 女性面临一种进退两难的处境，要不能力强，要不受人喜爱，二者不能兼得。研究也证实了这一点。当男性和女性的能力都相当出众时，女性的受欢迎程度就不及男性；当男性和女性都受他人的喜爱和欢迎时，通常女性的能力不及男性。
- 女性背负的家庭和工作职责要超过男性。人们通常认为女性应该更多地照顾家庭（照顾年迈的双亲、生病的配偶或孩子）。而且组织和工作岗位在进行安排时会预先假设家中需要有人来承担照顾家庭的责任，为此职场女性既要承担家庭责任，又不能影响到工作，两者之间会有一定的冲突。

你可能无法去影响或改变这些导致组织内存在偏见的因素。我们在此列出这些因素，是希望你能明白自己会遇到哪些情况，而且不是只有你一个人这样。在本章的后续内容中，我们将带领大家思考如何去改变这些情况，就算不是帮助你自己，也可以帮助到比你年轻的其他女性。

在采访女性高层领导者时，我们也听到好几个无意识歧视的案例。在陶琼的例子中，她本计划在律师事务所一直做到合伙人的位置，但她在职场初期就意识到，律师事务所的女性合伙人相当稀少。一位女性合伙人很多个晚上只能通过电话给女儿讲睡觉故事，因为那个时候她都在办公室。另一位女性合伙人则是在孩子一岁时升至合伙人的。陶琼向她请教她是怎么做到的时，她回答说生孩子的不是她，是她的同性伴侣。律师事务所的第三位女性合伙人则是在年龄稍长后才成为合伙人的。陶琼难以想象，在一家事务所内如果看不到什么女性合伙人，尤其是有孩子的女性合伙人，她自己又如何能升至合伙人的位置呢？

简·卡普斯（Jan Capps）曾担任一家卫生健康基金会的 CEO，现已退休。在此之前，她也曾在一家跨国农业公司担任人力资源负责人。尽管公司相当支持她，但她也遇到了组织内固有的偏见。这些偏见迫使女性同时要承担工作和家庭的双重责任，相对而言，男性面对的这种压力则较小。她对我们说："女性要如何同时兼顾家庭和工作？这个问题一直让我很头痛……我从不认为工作和生活可以平衡。在工作和生活的天平中，每天总会向一边倾斜，不管哪天都不会是平衡的。你必须从 1 年或 20 年的角度去看这个问题。女性并不能全身心扑在工作上，但同时仍然抱有升至组织顶层的希望，我一直想不通。我认为做到这一点的可能性微乎其微。我在指导女性时告诉她们，身为领导者，你必须要依靠手下的人才能如期完成工作。"看到众多组织忽视工作和家庭之间的冲突，简想到用她在农业公司时学到的知识来打比喻："杂交玉米要比单一菌株玉米的生命力强，这是有原因的。这点搬到我们这个社会里也是适用的。"换言之，（无论是男性还是女性）领导者只有提升自己在职场和个人生活中的能力，才会变得更加强大。同样，只有人们在各个生活领域内的能力都得到提高，组织和社会才能变得更加强大。

文化信仰和习俗

文化对个人的抱负和局限性有着很大的影响。最好的例子就是整个社会对女性这种角色的认知：女性应该把精力主要放在家庭上，去支持男性或丈夫吗？或者说整个社会宣扬的是平等主义，不仅允许而且支持女性在各行各业发展自己的事业，不管是蓝领、白领、创业还是艺术领域都可以？

阿比尔·阿尔哈比（Abeer Alharbi）在沙特阿拉伯接受教育后成为核物理学家，但她亲身体验过文化限制的强大影响力。阿比尔在利雅得市的一所大学教书，她是家中14个孩子中的老五，也是家族中多年来唯一的女孩。阿比尔的父亲是一位教育家，著有众多地理书籍。自10岁起，阿比尔就协助父亲进行研究，分析他的数据，阅读他的书籍。父亲会同她一起探讨那些书中的内容。阿比尔非常仰慕父亲和一个在攻读哲学博士的哥哥。五年级时，阿比尔就已经在为自己的哲学博士学位做计划了。"那种情况在当时非常罕见。"她说。她希望能证明"女性也能有所作为"。她最初的目标是医学院，但保守的家人阻止她走内科医生的道路，在男女混杂的环境里工作是绝对不可能的。如果到医学院就读，阿比尔将必须到医院去工作，要加班加点。这种环境对利雅得市的年轻女性来说是很不合适的。所以尽管梦想从医，阿比尔还是听从了家人的意见，改选物理学。

这种直接的限制来自阿比尔的家人，但其根源远不止于此。阿比尔所面临的限制来自沙特阿拉伯的文化信仰和习俗，这些文化信仰和习俗导致女性在家庭之外的大部分领域不能同男性一起并肩作战。尽管阿比尔和少量女性一样成功获得了研究生学位，在沙特阿拉伯从事专业工作，但她在研究领域进行实践的机会尚且不多。在获得博士学位并完成在美国富布莱特奖学金（Fulbright Fellowship）的学习之后，阿比尔返回利雅得市，成为全球最大的女子大学的核物理学教授。在那所大学里，教职工几乎全部都是女性。她同时还担任了发展和技能提高部门主任，负责组织和领导该大学教职员工的专业发展。这个角色让她遇到了种种挑战，也从中学会了很多东西。不过阿比尔深信，尽管她被鼓励去充分发挥自己的作用，但在沙特阿拉伯这种环境里，她无法做出自己最大的贡献。

第 1 章
保持初心

沙特阿拉伯自 2017 年起开始允许女性驾车，但那些阻碍女性根据自身意愿从事各种工作的文化信仰和习俗需要很多年、数代人才能得到改变。说到文化会给女性制造这种类型的困难的现象，并不只在沙特阿拉伯一个国家存在。致同会计师事务所（Grant Thornton）在 2016 年的研究显示，这个世界上没有任何国家的商业领袖中有一半是女性。俄罗斯的高层管理岗位中约有 45% 为女性，菲律宾和立陶宛的比例均为 39%。美国在 36 个调查对象中排名低于 22 位，高层领导者中仅有 23% 为女性。日本排名最低，为 9%。所以想想看，文化信仰和习俗会在多大程度上阻碍你坚持自己的追求。

上文提到过豪华酒店总经理苏珊娜。从职业生涯的早期起，她就一心想成为豪华酒店的总经理。为此她在酒店的各个部门都工作过，希望能了解高端酒店经营的方方面面。她一度在销售部门就职，后来为了抓住在一家大型跨国连锁酒店参加运营培训的机会而放弃了这份工作。人们当时认为酒店销售工作可以帮助她在该领域获得快速的发展，放弃这份工作的决定太过疯狂。但苏珊娜想做的是总经理，她知道要领导运营团队就必须了解运营团队的工作方式。她不止一次发现了"再努力一分"的重要意义，例如，在忙碌一整天后就算脚肿了，她还是会穿好鞋子帮助那些很晚还被要求去清扫和调换房间的团队成员。在追求目标的道路上，苏珊娜更为看重自己的追求和价值观，而不是他人的期望。

我们在前文中也和大家说过卫生健康基金会退休 CEO 简的故事。她的动力来自解决有趣的问题。在从职场初期到中期的很多年里，简一直是个单亲妈妈，有两个孩子。她在选择任何机会时都必须确保该工作能提供一定的经济支持，让她可以养家，让孩子们能够过上安稳的生活。曾经有一个新岗位摆在她面前，而这个岗位可以给她带来新的挑战，让公司高管层有更多机会看到她的成绩。当被问到是否对该岗位感兴趣时，她立马就看出了其中的问题：从公司总部到家要开车12个小时。于是她找到了解决方法。她提交了一份计划书，阐述自己可以一周在总部待三天的时间，在家乡办公室上两天班。她用证据来证明这个计划可以帮助公司省钱，因为这个计划中的通勤费用要比把三个人的家搬到总部城市更节约资金。她在总部办公室上班时，孩子们可以继续留在自己的学校，然后多数晚上和孩子父亲待在一起，这样他们的生活不会发生太大的变化。常常出差的人都明白，每周要来回跑这么远的距离实在是让人精疲力竭，就算是搭乘飞机或火车也会如此，更何况生活本就忙碌而复杂。但对简来说，这个妥协方案是值得的。她可以接受新的挑战，同时又能满足家庭的需求。简利用自己解决问题的技巧来创造空间，坚持自己的价值观和追求，同时也能满足公司的要求。在这个过程中，她也让公司了解到一种可以让男性和女性员工都受益匪浅的新的工作方式。

现在我们已经看到，女性很多时候要就如何坚持自己的追求和价值观而做出选择。有时候，当价值观毫无商量余地的时候，选择并不难做出。凯西亚·托马斯（Kecia Thomas）是一所大学的心理学教授、高级副院长。研究生毕业后，她放弃了一个相当具有吸引力的岗位，因为那家公司的产品针对的是弱势群体，而且在一定程度上损坏了弱势群体的整体健康状况。如果到这种公司工作，将会违背凯西亚的社会公正价值观。她不愿意在自己的信仰上妥协，宁愿拒绝那个相当具有吸引力的机会。

到这里，你已经知道这种种障碍会阻碍你坚持自己的价值观和追求,你也已经看到那些资历较深的女性如何应对那些你可能也正经历的种种困难。我们现在开始分析如何坚持自己的追求。

如何坚持自己的追求

首先,你要明白,自己的追求和目标在一生中可能会发生多次改变。想想看:你现在的工作完全符合小时候给自己设定的方向吗?和 20 岁时想的发展方向一样吗?就算是一样的,这是否意味着你在职场的剩余岁月里依然应该坚持这个方向呢?我们都会在生活中边干边学,我们也都会成长,拥有改变的能力。我们身边的世界在不断地发生变化,你也因此有大量的机会去一再调整自己的目标和追求。我们将在本章内介绍最基础的三步:

- 在人生的每个阶段都保持初心,为自己设计一段有意义的人生,对你而言,意味着什么?
- 如何明确自己内心深处最重要的价值观?
- 在实现理想的同时如何进行选择和必要的权衡?

为了坚持自己的追求,你首先必须清楚自己的追求是什么。如果你和我们一样,你可能并没有意识到在职业生涯的很多时候要多次确定或重新确定自己的追求是什么。我们对你不了解,肯定也不知道要怎么来了解你。我们很快就明白,仅仅只是给自己一个方向尚且不够。我们能提供什么建议?不要紧张,从以下方面着手吧。

价值观分析练习

价值观通常有以下四大特征。

- **它们决定了你是谁**。你的价值观通常能最为恰当地描述他人是如何看待你的行为以及他人可以对你有何期望的。
- **价值观基于你过去的经历**。你的价值观通常与父母和祖父母一样,或者你仍持有在儿时形成的价值观。
- **价值观可能会相互矛盾**。你的部分价值观可能会相互冲突,某些价值观有时候可能会占上风。在这种冲突中,你会逐渐明白自己究竟看重什么。
- **价值观是一种推动力**。价值观通常会激励你去超越自我,告诉你应该可以做到什么样。你就是自身价值观的最好体现。

创新领导力中心开发了价值观分析练习,旨在帮助大家分析和了解个人在生活和职场中的价值观。该练习将帮助你了解自己的内心深处,明确哪些核心价值观会影响你的决定和行动。不管是个人、教练,还是小型或大型团体都可以使用该练习。

使用指南

1. 复印下文的价值观清单。沿虚线剪下,然后使用胶带或胶水将各条价值观和其解释粘在单独的索引卡上,制作44张价值观卡片。

2. 根据这些价值观的重要性将其分为五大类:始终重要、时常重要、有时重要、很少重要、毫不重要。就算你想将大部分价值观划分到"始终重要"和"时常重要"这两类中,也请尽可能将这些价值观分散到五类中。最终某一类中的价值观数量会比其他类多,但尽力区分每条价值观对你而言的重要程度。"毫不重要"类尤为重要,这些

价值观清单

成就
成就感、掌控感

忠诚
忠实、责任、奉献

友谊
与他人的亲密关系

社会
支持非个人欲望的追求,并为之努力,并创造改变

冒险
具有挑战性的新机会,令人激动兴奋,有风险

身体健康
通过锻炼和体育运动保持体形

幽默
自嘲和笑对人生的能力

共情
能敏锐地注意到他人的痛苦,并表示同情

富裕
高收入,经济上的成功,繁荣发展

值得信任
责任,值得依靠,可靠,对结果负责

改变/变化/不遵循常规
工作职责、日常活动或环境常常会发生变化,有不可预料性

活跃
快节奏的环境,工作须快速完成

秩序
尊重权威、规则和法规。稳定感、按部就班、可预见性

幸福
感到满足、开心或愉悦

能力
证明拥有高水准的知识和技能。在执行任务时效力和效率均高于平均水平

美学
懂得欣赏事物、思想、周边环境和个人空间等的美好

认可
出色完成的工作得到积极的反馈和公开赞赏。尊重和仰慕

影响
能够影响他人的态度或观点,拥有劝说他人的能力

勇气
勇于维护自身的信念

权威
拥有控制事件和他人行为的地位和权力

公正
公平、公正,做"正确的"事情

经济保障
稳定的就业,充裕的经济回报,低风险

自尊 自豪、自信，对自我的认同	**自主性** 能够独立行动，不受限制。自立、自给自足。懂得进行选择
知识 追求理解、技能和专业知识。持续学习	**精神生活** 强大的宗教信仰。道德责任
家庭 花时间和配偶、孩子、父母和亲戚相处	**地点** 选择有助于自身生活方式的生活地点（城镇、地理区域等）
协作 与团体保持密切的合作关系	**名声** 成为杰出人士、知名人士
精进 出色地完成工作以获得发展、资历提升和职位晋升	**平衡** 人生的各个领域都分配合适的比重
个人发展 致力于最大限度发挥个人潜能	**地位** 因为工作内容的本质/级别或者是通过与某知名群体或组织的关系而获得朋友、家人和社会的尊重
帮助他人 帮助其他人实现自身目标，支持和关心他人	**爱** 拥有良好的亲密关系
竞争 对抗，将"赢"作为目标	**开心** 快乐、愉悦和欢笑
归属感 与他人交往。认可自己是特定群体中的一员。参与度、归属感	**挑战** 不断面对复杂且要求高的任务和问题
自省 抽时间思考过去、现在和未来	**智慧** 基于知识、经验和理解做出高质量的判断
正直 遵循道德标准。诚实、坦诚、真实	
创造力 发挥创新力和想象力来发现、发明或设计新思想、项目或事物，创造独特的形式	

价值观是你觉得不会去遵循或表现出来的,你始终会选择回避那些价值观。

3. 完成分类后,让我们来看看"始终重要"类。请根据优先程度对这些价值观进行排列,排在最前的是那些你绝对不会做出任何妥协的价值观。所有"始终重要"类的价值观都应该是没有任何商量余地的。你应该是根据这些价值观来做出自己的职场选择的。在思考所有这些价值观是否真正毫无商量余地时,请问问自己:

- 这些价值观在过去对我来说相当重要,但现在依然是毫无商量余地的吗?
- 我之所以选择这些价值观,是因为其他人看重这点,或者说希望我能做到这点,还是我自己真正在乎这点?
- 这些价值观说明我希望找到或创造什么样的工作/岗位?
- 我过去从事的工作/岗位中,哪个是真正能让我坚持这些价值观的?我喜欢那份工作的哪几点?哪些方面是我不喜欢的?

如果你认为某些价值观并不像最初所想的那样毫无商量的余地,请将这些价值观挪至"时常重要"类。

4. 再来看看"毫不重要"类。这些价值观应该是你从未考虑过要遵守的原则,你会尽可能去回避这些价值观。问问自己:

- 我绝对不会遵守这些价值观吗?
- 这些价值观说明我希望能避免哪些工作/岗位?
- 我过去经历过的工作/岗位中,哪些工作/岗位非常看重这些价值观?那些工作/岗位(或者是组织,或者是我所共事的人)中的哪些方面是我喜欢的?哪些方面是我不喜欢的?

> 5. 被你划分到"始终重要"和"毫不重要"这两类的价值观帮你设定了一些标准，让你去思考自己想要寻找或创造什么样的机会。寻找那些符合"始终重要"类价值观的机会，排除那些与"毫不重要"类价值观相关的机会。
>
> 6. 在根据自身价值观分析潜在机会并加以权衡时，你可能会发现一些矛盾的地方。例如，如果将"家庭"和"地位"都归入"始终重要"类，你可能会发现难以找到某个机会，既能给你带来很高的地位，又能让你随心所欲地同家人长时间相处。我们自始至终必须做出选择，并进行权衡。

值得反思的问题

在本书中，我们建议大家使用笔记本记录问题的答案。这些问题旨在帮助大家整理思路和感受，推动大家迈上发展之路。这个笔记本将会是宝贵的工具，帮助你形成自己的见解，发展成为领导者。

请在笔记本上写下这些问题的答案：

- 个人经验可以如何帮助我去思考未来的发展方向？
- 我的追求和使命感过去是如何影响我的人生选择的？
- 价值观分析练习让我对自己有了哪些了解？哪些方面让我颇感吃惊？我的价值观是如何随着时间而发生变化的？

CHAPTER TWO
第 2 章

把握自己的权力

权力一旦放弃就永远拿不回来了。我自己吸取了这个教训，得到了自己的权力并承担起相应的责任。

贾布·戴顿（Jabu Dayton）

贾布人力资源公司（Jabu HR Inc.）负责人

> **思考一下**
> - 如何轻松适应个人权力，懂得怎样发挥能动性来实现自己的目标和人生愿望？
> - 在你的内心最深处有哪些愿望？如何发现那些可能会阻碍愿望实现的有意识的和无意识的思维模式？

如何把控自己的人生、力争对我们而言真正重要的东西呢？首先就要想明白我们真正看重的是什么。这也意味着不能把他人的需求和他人看重的事情摆在自身的需求和侧重点之上，不过对一些女性来说要做到这一点的确很难。有时候这也意味着要对一些表面听起来很有道理的事情直接说不，比如某份工作收入不错，但有悖于你的价值观和发展愿景。我们需要一定的能动性，遵照自己看重的事物和自身独特的贡献来进行决策。你可以去依靠他人，但如果依靠的方向不对，就很可能会跌倒。

能动性对把握自身权力的意义

"能动性"（agency）一词由心理学家戴维·巴坎（David Bakan）创造，指人类控制自身命运并超越自身的意愿。能动性会激励我们去追求目标，推动我们去提出自己想要的东西，并为之努力。众多文化鼓励男性发挥自己的能动性，让他们要坚定自信，主动出击，提出自己想要的东西。这在西方文化中尤甚。其他人会认为男性的这些行为表现出了他们的强大，拥有这类行为的男性会成为出色的领导者。而女性如果发挥能动性，通常会得到负面的评价。坚定自信、维护自己的观点和权力以及直言不讳等特征通常会被打上专横、爱出风头和不温柔等标签（关于该现象的详细探讨请参见第9章）。

发挥能动性并不是对他人冷酷无情，或者自大傲慢，喜欢指使他人。在创新领导力中心出版的《站在十字路口》一书中，玛丽安·鲁德尔曼和帕蒂·奥洛特表示，发挥能动性是指表达自身的需求和愿望，按照自身的意愿来行事。想想看，经纪人会帮助演员找到最符合自身

第 2 章　把握自己的权力

形象的角色。你不想拥有这样一个经纪人吗？你想！这个经纪人就是你自己。你必须成为自己的经纪人，寻找能帮助你实现自身追求和目标的机会。我们都知道，如果不能坚定自信，不会自己推销自己，女性在职场中就会经历种种磨难。她们在晋升机会出现时会被漠视，得不到理想的工作任务，也会错失成长和事业发展所必需的支持。

德布·德比（Deb Derby）发挥能动性，让自己始终保持正确的发展方向，绕开了那些陷阱。

德布在美国一家工艺品和新奇物品公司担任总裁，沃尔玛和塔吉特（Target）均是该公司的客户。她是家族中的第一个大学生。在哈佛大学获得本科学位之后，她前往美国圣母大学（University of Notre Dame）攻读法学博士/工商管理硕士双学位。进入职场之后，她一门心思放在事业上。从最初高盛投资公司（Goldman Sachs）的金融分析师到责任越来越重大的惠而浦（Whirlpool）公司的管理职位，再到玩具反斗城（Toys "R" Us）的执行领导层。她在职场一直稳步往上走，并最终到了现在这个职位，每份工作都提升了她的能力。她早期曾经在一家律师事务所工作过一段时间，当时与一位资深法务合伙人合作，后者坦诚地给她提出意见（有时也会不讲情面），提升她的沟通和分析技巧，他也成了德布终生的导师。在惠而浦公司时，她曾经负责处理员工关系，这也让她对人力资源、人才管理和薪酬等领域有了一定的了解。在玩具反斗城的工作则让她成为综合管理高管。德布在每份工作中都会寻找机会去学习新知识和拓展自己的技能，进入此前从未涉足过的领域。

德布在工作中兢兢业业，始终保持着一份好奇心，求知若渴。毫无疑问，正是这些特征促成了她的成功。但在她的职业发展道路中，多名导师曾经对她进行指导，很多情况下还会推荐她去争取专业领域之外的职位，这些也是至关重要的。客观一点来看她的职业选择，你会发现她非常清楚自己喜欢什么和讨厌什么，在感觉自己已经熟练掌握当前的工作后，她会乐于冒一定的风险，继续迎接新的挑战。德布充分发挥了能动性，主动争取那些最符合自身事业和生活发展目标的机会。

德布的发展轨迹是持续往上的，但并非所有领导道路都是这种走势。米歇尔·盖泽斯-克拉克斯（Michelle Gethers-Clarks）是一家国际机构的区域 CEO，该机构为非营利性组织提供资金。职业生涯的前半段，米歇尔在一家全球金融服务公司就职。早期，她努力工作，力争上游。在获得注册会计师证书之后，米歇尔决心成为领导者。她开始在会计和分析技能之外培养更多样的技能，力争获得更多管理经验。她明白要实现这个追求，就必须离开自己此前就职的财务部门，所以她找到老板。"我告诉他，我非常感谢他此前对我的指导和帮助，但我是时候继续前行，尝试新的挑战了，"米歇尔对我们说，"当时我常常出差，而且还是单身，但我想要成家。我想从金融领域转到风险管理领域。"她请老板在她权衡分析各种机会时给她提供支持。

你发挥能动性了吗

米歇尔和德布让我们看到了女性发挥能动性的例子。她们对自身的职业发展有着相当明晰的了解和明确的追求，而且会为了事业发展目标去寻找和争取机会。她们是非常出色的例子。但我们要如何来发挥自身的能动性呢？有效的能动性是什么样的？在《站在十字路口》一书中，玛丽安·鲁德尔曼和帕蒂·奥洛特介绍了明确自身能动性的八种方法。

清楚明晰的方向。第 1 章介绍了如何明确自己的追求和核心价值观，这是确保方向清楚明晰的重要基础。你对自身目标和愿望有多了解？你清楚自己为什么选择这些目标吗？或者只是为了让自己显得有所成就？女性若有明确的方向，在进行决策时就会去分析和思考该决定的长期和短期意义。

有计划的行动。懂得发挥能动性的女性不会傻坐在那里，等着机会找上门来。她们有自己的计划，会持续为自己发声，努力朝着自己的长期和短期目标进发。

适度冒险。你会逼迫自己迈出舒适圈，还是会等到有 100% 的把握之后才去争取机会？善于发挥能动性的女性会适度冒险。她们拥有发展型思维，会克服自身的恐惧和踌躇。她们不会过于乐观，也不会过度悲观。她们在进行选择时会对现实情况有深刻的认识。

自我认知。懂得发挥能动性的女性对自身有相当清楚的认识。她们明白自己要坚持哪些价值观，也会对自己的选择和妥协进行认真思考。

能适应不断变化的环境。懂得发挥能动性的女性明白"倒霉事时有发生"。有时候你不得不改变自己的计划，或者选择另一条道路，这样才能到达目的地。当遇到路障时，这些女性会去寻找另外的道路。这种能动性的关键词就是"灵活性"（flexibility）。她不会被障碍或逆境打倒，因为她愿意灵活应对，寻找实现目标的其他路径。

抗逆力。拥有能动性的女性相当自信，她们拥有强大的内心，因而能够战胜挫折，迎接挑战，茁壮成长。

学习能力。在创新领导力中心的女性领导力（Women's Leadership Experience）课程中，我们会请女性介绍她们最"光荣的失败"。在很多情况下，女性担心失败会让自己显得懦弱，但失败是成长道路上所必需的。你是会被失败打倒，因此害怕，还是你认为失败可以让你离成功找到答案更近一步？你会吃一堑长一智，不再重蹈覆辙吗？能有效发挥能动性的女性会退一步，对自身错误进行客观评估，吸取经验教训，然后继续前行，不去懊恼和遗憾。

懂得放手。就像迪士尼火爆的动画片《冰雪奇缘》（Frozen）主题曲所唱的那样，善于发挥能动性的女性明白自己不能控制一切，所以她们将注意力集中在自己能控制的事务上，而不会把力气浪费在自己无法把控的事情上。随它吧，就随它吧。

能动性对职场目标的影响

我们的女性采访对象在职业生涯管理上都表现出很高的能动性。我们想了解男性对女性和职业发展能动性有何看法。他们认为，女性在职业发展上有时候太过被动，一直在等待机会，不会与男性同僚一样去"主动把控"。这些男性并不认为原因在于他们的女性同事比较软弱，或者说是效率低下，而是因为一些社会文化限制，以及女性强加给自己的限制。这点让人非常吃惊。所以我们请这些男性详细谈谈他们认为女性可以从哪些方面来发挥更大的能动性。他们给女性的建议和给男性的建议一样，例如，政策研究所 CEO 迈克尔·麦卡菲（Michael McAfee）对该问题有着重要的认识：

想清楚自己愿意做出哪些妥协。当所做的事情有悖于自身价值观和追求时，你就是在浪费时间。给自己的职业发展绘制一条合适的弧线。你可以制作一块故事板，列出你在职业生涯中想干的事情，以及想在哪些领域做出成绩。制订计划。你的计划应该与自己的价值观和希望发挥的影响力相匹配。想想看，面对这个故事板，你会怎样叙述自己的故事？很多工作本身并不会给我们带来自己想要的东西……你必须去努力，去争取自己想要的东西！

迈克尔关于挑战的观点非常深刻。你打算怎样叙述自己的故事？你独特的贡献是什么？形成自己独特的观点，然后去争取自己想要的东西！我们喜欢迈克尔的这番言辞。如果你如第 1 章中所介绍的那样，已经明确分析了自己的价值观和追求，那么他的这番话正切中你的要害。如果你还是不太明白，那么建议你回看一下第 1 章，再做一次价值观分析练习。

阻碍你发挥能动性的因素

或许你有很好的计划，但仍然难以发挥自身的能动性。哪些因素在阻碍你？经验告诉我们，女性可能会遇到几大挑战。

权力让人感到无所适从

我们采访的多数领导者都清楚记得他们成为权威人士、成为"决策者"的那一刻。第一次担任领导者，背负起重大的责任，这既令人兴奋，也让人心生怯意。拥有能动性的女性能轻松适应这种权威地位和权力，但有些女性很难适应，因为她们在年幼时被教导要服从权威，而且她们通常都是在辅助那些权威人士。

在创新领导力中心看来，培养领导力是一个迭代的过程。没有谁会在某天早晨起床后突然就充分相信自己能成为出色的领导者。自信来自考验，来自失败和成功，也来自在支持性的氛围里尝试新方法。正因为如此，我们必须尝试挑战性的任务，在低风险的环境里尝试新行为，从可靠的导师和保荐人那里得到反馈意见。

前文介绍过德布，她在一家美国工艺品和新奇物品公司担任总裁。对于这个问题，她是这样说的："人们需要一段时间才能学会如何来担任执行高管。多数女性并不习惯于像执行高管那样待人接物。直到职业生涯的后半段，我才能轻松地展现出总裁的风采。我的自信心肯定是在随着时间流逝而慢慢增长的。女性更习惯于从事辅助性工作，我在职业生涯的早期也是如此，所以调整会需要一定的时间。你不再只是提建议，现在必须进行决策。现在你不再是提议者了，而是领导者。这两种定位截然不同，需要一定时间去适应。就我而言，高管队伍中的另一位女性是我很好的榜样，而且在我首次担任某大型业务部的总裁时，有位男性高管积极地指导了我。这些帮助大大缩短了我的过渡期，能够让我更加轻松地开始新的身份。"

莱斯莉·乔伊斯的故事让我们看到了她在第一次担任领导者时展示自信的忙乱时刻。她在 31 岁时被一家小公司聘为人力资源副总裁。"我压根不懂什么人力资源管理！我是个工业和组织心理学家！"她说。但她很快就发现了担任领导者的方法。当时该公司遇到了炸弹威胁，距离前任人力资源副总裁被一位心怀不满的员工威胁还不到一年的时间。"当时我一楼一楼地跑，去指挥人们该怎么办，去安抚他们，向他们保证大家都是安全的。那时我想，'他们为什么相信我？我也只是个年轻人啊！'也就是在那个时候，我第一次懂得年轻女性领导者要怎么办。你必须自信，必须冷静，这就是领袖气质。当时公司多数领导者都比我年长，也都是男性。那个时候我意识到，我的行为表现必须比自己的年龄更加成熟，那样大家才会认真对待我。"

要了解自己对权威地位和权力究竟是何种看法，请将笔记本拿出来，在上面写下这些问题的答案：

- 在拥有威信和权力时，我是否感到很自在？
- 我该如何利用自身的威信和权力来成为自己的经纪人？
- 如果权力和威信让我感到不自在，究竟是什么原因造成的？
- 我要如何来克服这种不自在？
- 在适应这种权力的过程中，我可以请求谁给予支持？

不正常的工作环境

在为他人进行指导和训练的过程中，我们发现人们通常要忍受不正常的工作环境，比如恶毒的老板，或者是不健康的工作文化等。这些环境会给领导者带来负面压力，导致女性怀疑自身的能力，变得犹豫不决，有时候甚至会让她们的事业发展脱轨。

贾布·戴顿的人力资源公司位于初创企业竞争激烈的硅谷。在公司早期，她就经历过工作环境带来的伤害。我们也将在第5章中再次讲述她的故事。硅谷很多初创公司并没有人力资源职能部门，创始人也不看重该领域。贾布曾亲眼看见一些行为，她知道凡是成立时间长久一点的企业是绝对不会容忍这些行为存在的，她也清楚这些行为会让企业面临诉讼危险。但这些经历并不只是让贾布看到恶毒的工作环境，还让她从中获得了更加深刻的经验教训。

"在进入那家初创公司后,我从公司角度出发,看到了一些毫无意义的工作。我知道我会刺激到创始人的神经,因为人力资源工作的开展有对的地方,也有错的地方,"贾布说,"我是初创公司里最年长的人,其他人的年龄都不超过 30 岁。因为在之前工作的公司有过一段相当糟糕的经历,所以我不想待在实权位置,选择远离权力,尽管知道有些事情必须进行改变,可是我不想去推动那些工作。事情变得糟糕透顶,因为我发现权力圈已经没有了我的位置。所以现在,在指导有色人种的男性和女性时,我会一直告诉他们,'权力一旦放弃就永远拿不回来了'。"

公司早期的经历让人痛苦,也让贾布深深懂得能动性的重要。现在,她会以严格的标准来选择客户,确保对方拥有相同的价值观,而且自己与客户创始人的领导力理念是相似的。贾布目前在事业上会充分发挥能动性,力争自己想要的客户体验。

在面临恶劣的工作环境时要获得能动性上的经验教训,并不一定要辞职。玛丽·贝丝·巴丁(Mary Beth Bardin)是位创业者,退休前曾经担任首席沟通官。她最开始并不喜欢自己的老板和公司文化,但还是决心坚持下去。她觉得自己的工作需要一点变化,并为此找了一位顾问,进行了数次评估,了解哪种工作最能发挥自身的才干。猜猜结果是什么?答案正是她当前的工作。玛丽·贝丝必须做出选择。

也正是在那个时候,她发现让她痛苦的是工作环境,而非工作本身。"我调整了自己的态度,"她说,"我一门心思投入工作,一心想着要竭尽所能做好自己的工作,不去管身边环境如何。"玛丽·贝丝的上司不是一个很出色的管理者,而公司的文化也在发生着巨大的改变。"我决定坚持这份工作,因为我喜欢那些同事。我们开始创造出相当出色的工作成果，并逐渐得到认可。我得到了提拔，我的上司最终走人了。"她说。玛丽·贝丝的能动性在其做出选择和积极工作中展露无遗。能动性教会了她什么？她说："我会告诉大家，找到一家好公司，然后极力留在这家公司。"

有时候，你需要发挥能动性去创造合适的环境，让自己和他人茁壮成长。在第 1 章中，我们曾经介绍过西班牙豪华酒店的总经理苏珊娜·马林。她说："早期，奥运会期间我曾在举办城市的两家五星级酒店做培训生。尽管在这两家酒店的工作体验都挺好，遗憾的是，我在两家酒店都没有找到很好的领导者榜样。我在第一家酒店上早班，在第二家酒店上晚班。中间的空闲时间，我可以到市中心的加泰罗尼亚广场（Plaza Catalunya）待一会儿，众多游客会从那里经过。经过观察，我发现本地人通常有三种：第一种本地人从广场经过时根本不会注意到旁边某个人似乎迷路了。第二种本地人会放慢脚步。如果有人找他们问路，他们会停下来帮忙。但如果没人主动来问，他们也就直接离开了。第三类本地人会停下来，主动提供帮助。尽管存在语言障碍，或者可能不清楚答案，他们还是会主动停下来。我也有同样的感觉。我固执地认为必须去提供帮助，我感觉自己代表着这座城市，而且在帮助到他人时会立马获得一种满足感。一天的这段时间最能鼓励我去力争成为公司的一部分，去提升服务环境，去学习如何在这种公司文化中成为领导者。"

你在发挥能动性方面做得怎么样？拿出你的笔记本，回答下面这几个问题。

- 如果当前的工作环境让你无法发挥能动性，作为自己的经纪人，你要怎么办？

- 你可以找谁来一起去改变这种工作环境?

缺乏自我认识

自我意识和自我认识这两个概念之间的差别非常微妙,但也相当深刻。自我意识是指懂得自身的优势和缺点,自我认识是对目标有深层次的理解,清楚自己是谁,在这个世界上的位置是什么。拥有自我认识的女性懂得自己的选择,明白可以在哪些方面做出妥协。她们清楚自己的偏好是什么,会根据这些偏好来采取行动。她们有自己的路线图,懂得要到达目的地必须经过哪些区域。她们已经完成了我们在第1章中所介绍的那些工作。自我认识的关键在于有切合实际的世界观,避免任何天马行空的想法。这些女性会对世界进行切合实际的评估,既不会过度悲观,也不会过于乐观。有时,自我认识源于反省和学习,有时则是生活硬塞给你的。

克里斯蒂娜·马尔科姆(Christine Malcolm)来自明尼苏达州,现在是董事会董事,退休前曾是医院管理者。年轻时,她曾经梦想成为一位医生,她大学时读的是生物学,计划毕业后进入医学院。20多岁时,在去医学院就读之前,她嫁为人妇,在明尼苏达州找了份管理实习生的工作。但突然一场大病改变了她的人生计划。

"我的阑尾和脾脏破裂,引起了坏疽,5月份住进了医院,出院时已经是9月份,"克里斯蒂娜回忆说,"我昏迷了21天,大脑受损,很长一段时间都在死亡边缘徘徊。在医院时,我有大量的时间去观察医护人员,突然意识到其实我并不想成为医生。医生每15分钟要看一个病人,病人来看病,看完病后离开,之后又因为病情加重再次来到医院。我不想过那种生活,我希望去创造东西,去创造可持续的改变。

所以我去了芝加哥大学（University of Chicago）的商学院，成为医院管理者。我从未怀疑过自己的决定。"

克里斯蒂娜有着非常深刻的自我认识，这种自我认识源自那段濒死经历，而这段经历让她对外科医生的生活有了非常实际的认识，她发现那并非是自己想过的生活。我们很高兴地告诉大家，不一定必须经历生死攸关的病痛才能对自我有所认识，但为什么要去注重自我认识呢？个中原因很多，不过归根结底在于自我认识将帮助你应对生活中的日常挑战，你将更得心应手地处理那些无法避免的障碍。自我认识可以让你充分发挥对自身的理解，以及对自身价值观、目标和追求的信念。当你清楚自己是谁，为什么是那样的，你就能明白障碍都只是暂时的。在生活和事业中，总会有某些时刻让人觉得模棱两可，含糊不清。这时你的自我认识就像北极星一样，在其他一切都模糊不明时指引着你。

如果你不确定如何拥有一定的自我认识，那么现在回过头去看看你在第1章中进行价值观分析练习时写下的答案。对自身目标和意愿有一个深入的了解，然后坚定地遵循那些目标和意愿，这样就可以为自我认识奠定坚实的基础。

过时的心智模式

小说家阿娜伊斯·宁（Anaïs Nin）曾经写过："我们看到的不是事物的本身，而是自己的认知。"阿娜伊斯·宁的这句话所指的就是心智模式。心智模式是心理学术语，指根深蒂固的假设、概括，甚至是想象，这些都会影响到我们的世界观和相应的行为。有时候，我们的心智模式会过时。它们会过滤我们关注的事情，影响我们对自身经历的理解，并且告知我们应该采取哪些行动。心智模式可能会阻碍我们抓住一些必须抓住的机会，因为它们让我们认为这些机会是不可能的。当我们遵循过时的心智模式所做出的选择有时会不符合自身当前的价值观和追求，甚至与之相悖。

让我们以莉娜·帕帕多普洛斯（Lina Papadopoulos）（化名）为例。她来自阿拉斯加，是一名电气工程师，在一家石油公司担任运营主管，也是业务部里唯一的女性。她喜欢自己的工作，开心地养育着四个孩子（其中两个是双胞胎），在社区里也相当活跃。认识她时她正在努力争取晋升，如果成功就能够调到位于休斯敦的公司总部，距离自己要实现的目标会更近。她一直想成为运营副总裁，如果能实现这个目标，她将成为该公司历史上首位女性运营总裁。我们碰面时，她正好怀孕了，还是双胞胎。她要照顾家里四个年幼的孩子，每周工作70个小时，每个月有时要出差数次，同时还在数个本地社区委员会从事志愿者工作。

不出所料，莉娜感到身体透支了。医生警告她，她怀着双胞胎，如果不放缓生活节奏，可能必须要卧床休息。她很不想听到这些话，她是一个目标型的人。她来自一个庞大的希腊家族，是家族里这一代人中最小的一个，却是第一个上大学的。经历了儿童时期的贫困生活，她最看重的就是经济稳定。她全身心扑在工作上，害怕如果松懈一点，就可能会错失重要的事业发展机会。她极少休假，当被问到产假计划时，她承认自己根本想都没有想过。

医生的最后通牒迫使莉娜不得不调整自己的日程安排。她真的需要参加那么多社区委员会吗？她极少休假，这给她带来了什么好处呢？在辅导过程中，我们请她好好思考一下自己的选择给家庭和自身健康带来了哪些影响。莉娜承认她很难放松下来,她希望能有更多的时间花在家庭上,也能有更多的时间去享受一下自己努力工作所创造的成功。此前她一心扑在工作上,从来没有时间去享受一下成功。她的丈夫承担了家里大部分的事情,孩子们在工作日里极少能看到她的身影,她总是来去匆匆,没什么时间和孩子们相处,这让大家都觉得不开心。她感觉自己让丈夫和其他家人都失望了。尽管手头宽裕,但她害怕自己某一天又会过上贫苦的日子,所以不得不加班加点工作。

莉娜过时的心智模式将她牢牢困住。她出身贫寒,现在还要在经济上支持众多兄弟姐妹。她之所以参加众多社区委员会,是因为她非常看重社区参与情况,也是因为害怕缺少露面机会就会影响到事业发展。她坦承身为八个孩子中的老幺,总是感觉自己被大家所忽视,所以迫切想要得到他人的认可和承认。这种心智模式导致她从不觉得自己可以去享受成功。

在明白是何种心智模式正在操纵自己的生活后,莉娜做出了一些艰难的决定。她退出了多数社区活动,这样才能保证自己的健康,也能有更多时间和家人相处。她在公司找到了一位老资历的保荐人,后者同意为她在公司的事业发展方面提供建议。最重要的是她允许自己放松下来,留给自己一点时间,去享受家庭生活,享受她截至此刻生命中的所有成就。这些都是她此前从未做到的。

心智模式不一定只带来负面影响。在某些情况下,心智模式可能会根据你对局势的判断而影响你的行动;但在其他情况下,心智模式会激励你更加努力,让你取得的成就超出自身的期望。我(波西亚)自身就是一个很好的例子。

我来自美国中产阶级黑人家庭,家里三个孩子,我排行老大。我们生活在一个白人占绝大多数的小区里，通常身边没有其他黑人家庭。我们称自己是"威廉斯五侠"（The Williams Five）。学校的情况也差不多。我常常是所在班里唯一的黑人学生。我是家族中的第二代大学生，我父母非常重视教育，也很看重成绩。高中时，他们警告我参加派对时要小心，那里几乎所有人都会喝酒，而且他们会着重强调我可能会是派对中唯一的黑人。"你到哪里都会很惹眼。如果他们只记得一个人，那就会是你。不要忘记这点。"

父母告诉我，我必须比多数学生优秀，因为学校和社区通常对黑人孩子的期望值偏低。因此我坚信，为了能在白人占多数的环境中得到大家的接纳，我就必须比那些白人同伴出色一倍。在工作中尤为如此，因为大家可能会认为我是因为《平权法案》而得到工作机会的。在职场中，就和我在学业初期时一样，不管在哪里工作，我常常是唯一的黑人高管。我基本上没有遇到过明显的种族歧视，但经常觉得自己必须一再证明自身的能力，尤其在开始新工作时，毕竟我没有过去的业绩摆在那里。我会想象那些白人同事在想："她怎么会得到这份工作？她真的知道自己在做什么吗？"母亲的话始终在我脑海中回荡："切记，不管怎么样，你是与众不同的那一个，你必须比其他人强。"

我会形成这种关于成绩的心智模式，部分原因是在多数生活和工作环境里我是唯一的黑人。这种心智模式深深地影响了我的工作和生活方式，也让我取得了出色的成绩。

发挥能动性

发挥能动性，拥有足够的力量，这是过自己想要的生活并拥有理想事业的终极方法。当你想要的东西似乎遥不可及，或者当你遇到挫折时（这种情况总会出现），能动性将会让你干劲十足，保持专注。当你清楚了解自己最看重什么，懂得自己的追求是什么时，每天早上起床时你就会充满自信，因为你有争取成功所需的内驱力。

为了了解自身能动性的强度，知晓能动性可以带来的动力，请完成下述练习。

阅读下列问题，根据自身情况打分。

1 = 非常同意

2 = 同意

3 = 不确定

4 = 不同意

5 = 非常不同意

1. 当机会出现，而且我也符合相关要求时，我会毛遂自荐。

　　　　　1　　2　　3　　4　　5

2. 我清楚知道自己看重什么，会毫不犹豫地追求自己想要的东西。

　　　　　1　　2　　3　　4　　5

3. 我能轻松应对手中的权力，并借助这种力量来实现自己的目标。

　　　　　1　　2　　3　　4　　5

4. 我会适度冒险，借此来实现自己的目标。

　　　　　1　　2　　3　　4　　5

5. 我不害怕失败，失败是成功道路上至关重要的组成部分。

　　　　　1　　2　　3　　4　　5

6. 我不会被挑战或挫折打败，跌倒了会再爬起来。

　　　　　1　　2　　3　　4　　5

7. 我能够对不符合自身追求、价值观或侧重点的事情说不。

    1 2 3 4 5

8. 我拥有清晰的自我认识,并且每天会以此为基础对自身行动按照轻重缓急进行安排。

    1 2 3 4 5

9. 我会总结经验,吸取教训,从而改进未来的决策和行动质量。

    1 2 3 4 5

10. 我会根据不断变化的环境来进行调整和改变,确保自身行动符合当下的实际情况。

    1 2 3 4 5

  如果上述问题的多数答案都是1或者2,那么说明你可以轻松地发挥自身的能动性;如果答案多数是4或者5,说明你还需要努力,力争能轻松发挥能动性。如果对你来说,发挥能动性颇有难度,或者说你想在发挥能动性方面更上一层楼,那么请思考下面的这些问题,拿出你的笔记本来记录这些问题的答案。

- 学会发挥更大的能动性对我有什么好处?
- 如果不能发挥能动性,我会有什么损失?
- 我明天可以通过哪种方法来发挥自己的能动性?
- 我可以借助哪些资源来提升自己的责任心和能动性?
- 本章中介绍了八种发挥能动性的方法,哪几种是我最在行的?
- 在发挥能动性的八种方法中,哪几种是我必须加以改进的(如果超过了两种或三种,那我应该如何确定哪个方面必须首先得到改进)?

- 在发挥能动性的过程中,我遇到过哪些障碍?我如何克服这些障碍?
- 哪些心智模式影响了我对能动性的理解?
- 哪些心智模式阻碍了我充分发挥能动性(我是不是常常比较被动,不是很坚定)?
- 哪些心智模式促使我做出了种种决定?
- 在反思自身的心智模式时,我会惊奇地发现什么?
- 哪些心智模式不能再帮助到我?为什么?
- 我希望能坚持哪些心智模式?为什么?

CHAPTER THREE

第 3 章

找到自己的成功之路

> 对我而言，成功就是在经济、情感和精神上有所保障，在这些方面拥有一定的满足感。
>
> 沙东·特纳（Chaton Turner）
> 匹兹堡大学医学中心（University of Pittsburgh Medical Center）
> 助理法律顾问

思考一下

- 如何根据自身价值观和追求来定义成功？
- 为什么是时候改变自身的职业发展道路了？
- 为什么光荣的失败可能会是助你抓住机会的跳板？

20多岁时，我（波西亚）认识了堪萨斯城杰出的律师琳达·泰勒（Linda Taylor）。在美国各地的大型律师事务所中，女性合伙人相当罕见，而琳达恰好是其中的一个。她最近刚刚离开一家大型律师事务所，开始独自创业。一天午餐时，我问琳达为什么放弃那个收入丰厚且地位显赫的工作来创业。琳达接下来的话让我非常震惊："你可以不停地往上爬，力争下一个职位。但当你实现了目标后，突然就会发现根本不是那么回事。那只是一个幻觉。"

在美国最大且最知名的律师事务所做到高位，并没有如琳达所希望或所预期的那样让人感觉心满意足。在深刻反省之后，她决定放手一搏，创立一家临时服务公司，为法律界提供支持。实际上，这在当时是闻所未闻的想法，但最终不管是在经济上还是专业上都给琳达带来了回报。琳达的经历让我明白，成功的标准并不仅仅是头衔或薪酬。那些东西都是非常肤浅的，难以真正体现人们内心的需求和使命感。只有在放弃律师事务所相对而言的保障性，自己去打拼后，琳达才真正地体会到了满足感。

明确自己的成功观

在访谈全球的高管时，琳达的话始终在我们耳边萦绕。此外，那些领导者在接受采访时所表达的观点也在呼应着琳达的看法。我们一再听到大家表示，薪水、头衔和赞赏这些都只是成功的外表，仅仅追求这些还远远不够。这些高管并不会从物质的角度去思考成功，他们对成功有自己的定义，那也是他们日常生活的努力方向。

希瑟·班克斯（Heather Banks）是美国大西洋中部地区一家制造

公司的首席人力资源官。她表示，对她而言，成功与物质无关。"成功是指我能给这个世界带来什么样的影响。我努力生活，并且不断问自己，'我的生活是否正是自己所希望的那样？我会很开心某天有人讲起我的故事，而且会为此自豪吗？当我能给身边所有人带来积极的影响时，我是否会因此开心和自豪？我的孩子是否有同情心，会利用自身的知识创造更加美好的世界吗？'这才是我想拥有的生活。"

我们采访的高管们将成功定义为使自身的使命感得到满足，而且能发挥自身的能力去影响自己在乎的人和事。他们对成功的定义无一例外都包括建立真正深入的关系，并且有时间去打理这些关系。

认真进行自省

对你来说，成功意味着什么？再回过头去看看你在第 1 章中明确的自身的价值观，想想看，你有什么样的追求？通过第 2 章的学习，我们再来分析一下哪些心智模式会影响到你对成功的定义。正如我们在前文中所提到的，心智模式是一些根深蒂固的假设、概括，甚至是想象，它会影响到我们的世界观和相应的行为。

心智模式会如何影响成功的定义？让我们来看看几个高管的例子。她们在工人阶层家庭中长大，是家族中的第一个大学生，自己打工来支撑学业。这些高管中多数人的心智模式都促使她们相当重视经济保障，希望能够在 50 岁之前退休，并且将这些作为成功的一个衡量标准。在职业生涯的初期，她们会根据自己的终极目标每年制定具体的职场发展小目标和薪酬小目标。只要这些小目标符合你的价值观、追求和使命感，这就会是一种非常好的方法。但请注意：不要把别人对成功的定义搬到自己身上。你对成功的定义完全是你个人的，你所走的道路也完全是你个人的。让其他人来决定你应该或不应该追求什么的做法的确比较有诱惑力。这是心智模式在悄悄地发挥作用：它们能够影响你，让你去接受他人的成功衡量标准，而你完全意识不到自己在被他人影响。

竹内苏西（Susi Takeuchi）是一家大学附属医院的首席人力资源官。她坚持自己对成功的定义，这似乎是给她带来成就感、动力和真实感的唯一方法。"我感觉多数人都打心底里希望能充分发挥自身的潜力，"她说，"如果我听从了别人'埋头努力，开心点'的建议，就会没有成就感。"竹内苏西建议职场女性不要因自欺欺人而失去机会，即使当冒名顶替综合征（参见第5章）的阴影笼罩着自己，也不要那样。"有时候我感觉这份工作超出了自身的能力，"她说，"但没有什么好害怕的。如果你觉得某份工作太过轻而易举，那根本就没有挑战性。"竹内苏西总结了自己的成功衡量标准：能够在智力上存在挑战性，让自己感觉是在为公司做贡献，而且能够帮助他人获得发展和成长。在整个职业生涯里，她都在坚持遵循这个衡量标准。

制定自己的衡量标准

下面是一个进行自省和判断的小练习，你需要通过该练习来确定自己的成功衡量标准。你要把笔记本拿在手边，方便在反思时进行记录。首先，问问你自己："成功对我而言意味着什么？"别急，先花时间细细思考，对你来说，成功是一种什么样的感受。描述时必须做到详细具体：做什么让你觉得自己是最为成功的？你有什么样的感受？你肯定会发现自己对成功的定义不仅仅包括事业，还会涉及个人生活。

想想二者之间的这些联系,在笔记本上记录下你的想法和感受,完成反思。

无需详细的地图,但必须有清楚的路径

当我们请高管们来回顾自己的职业生涯时,会惊奇地发现他们基本上没有任何既定的职业发展计划,他们有的是一套坚定的价值观和信仰,这些会在他们就事业和生活做出决定时指引他们。事实上,他们之所以能取得成功(有些取得了相当卓越的成就),并不是因为他们制定了自己的价值观和目标,并且能笃守这些价值观和目标。

听起来是不是特别矛盾?毕竟我们的采访对象包括了成功的职场男性和女性。他们肯定设计了自己取得事业成功的路径,他们的每一步行动肯定都是有计划的。可我们发现实际上通常是另一种情况。在我们采访的高管中,部分人员的确表示他们希望能获得特定的头衔、职位,甚至是薪酬,但我们听到频率最高的却是:"我希望得到的职位要能够让自己学习到东西,拥有最大的影响力,并且可以利用自身技能创造最大的价值。"这些都是聪明、志向远大且成就卓越的人。那种思想通常会帮助他们升至所在组织的最高层。我们也注意到所采访的女性存在一些共同点,即她们都有着相当明晰的价值观和侧重点,这能指引她们在职场和生活中做出选择。

以下的主题是否会让你有所共鸣呢?

- 她们都能坚持遵循自己的价值观和侧重点,但在日常生活中懂得灵活变通。当某种方法行不通,或者是有更好的选择时,她们会毫不犹豫地进行调整和改变。

- 她们懂得自己在职场和生活中的选择和妥协，并且会积极地管理这些选择和妥协，最大限度提高决策的质量。
- 她们拥有得力的导师和保荐人，会在她们人生的关键时刻提供至关重要的引导。
- 她们做好了准备在必要时彻底改变自己的职业生涯，让事业能更好地匹配自身的价值观、自我认识和当前的侧重点。
- 她们在面对失败时不会过度地将失败归咎于自己，懂得失败是学习和发展的机会，不会将失败视为个人的污点。

董事会成员、退休 CEO 史蒂夫·赖内蒙德（Steve Reinemund）的建议是："拥有人生目标和愿景，用它去衡量你的成功。我在单亲家庭中长大，因为父亲在我年幼时就过世了。母亲极力强调目标的重要性。母亲就是我生命中的英雄，我以她为榜样，给自己设定的人生目标就是能在信仰、家庭和工作之间取得平衡，同时能有所侧重。"这个建议也适用于我们。

等等，麦当娜现在竟然是个老师

让我们来看看上面列举的最后两点：彻底改变和失败。现在以麦当娜（Madonna）为例。她在 20 世纪 80 年代横空出世，以常去夜店泡吧的年轻人形象出现在大家面前，后来成为"X 一代"的流行音乐超级巨星。1984 年的 MTV 音乐录影带大奖（MTV Video Music Awards）颁奖典礼上，麦当娜在《宛若处女》（Like a Virgin）中的表演震惊了整个流行音乐界，成为视觉经典，到现在仍被人们模仿。她不断地改变自己的形象和声音，不仅仅使她紧跟潮流，同时她还引领了比她年轻很多的众多演艺界人士的风潮。演艺行业对年龄渐增的女性演员相当残酷，而麦当娜多年来公然向该行业发起了挑战。

女性达到一定年龄后应该怎么做或会变成什么样呢？社会上对这个问题有一系列传统的看法。如今麦当娜已经年过60，她仍然在向那些传统观念发起挑战，我们都为此仰慕她。在被问到如何做到不断地彻底改变时，她回答说："生活和爱情激励着我。我觉得作为艺术家和普通人，不断彻底地改变自己是生存之本。我知道，这样说自己实在是老生常谈，但事情真是如此。好奇心是我生活和工作的推动力。当你停止学习，停止参与，停止发展，你就会走向灭亡。"

世界上只有一个麦当娜，但你可以去效仿她，去改变自己对自身、对自身职业生涯和生活的看法，不管他人是如何想的。在完美的世界里，我们会清楚自己的激情和目标在哪里，然后创造完美匹配的职业发展道路。但请现实一点，我们中的多数人在某个时候会多次更换工作，甚至是改变整个职业发展道路。美国劳工统计局（National Bureau of Labor Statistics）的数据显示，成年人工作一辈子，平均会换11份工作。如果你是千禧一代，可能在大学毕业后的头10年里，或者是在32岁之前会换四份工作。我们的世界千变万化，这不是坏事，因为你也在变化和发展，你的职场方向会随之发生变化。

大胆跳吧，安全网总会出现的

如果给杂技演员上述这个建议，听起来似乎很糟糕，但这的确是句实话。你要相信自己，相信自己的价值观、追求和目标，相信你要走的道路，因为你是遵循那些原则选择这条道路的。凯琳·约翰逊·钱德勒（Kalyn Johnson Chandler）的闺蜜也给她提了这个建议。

她现在是一位成功的创业者，经营一家网络公司，销售时髦的文具、办公桌用品和旅行杯/咖啡杯。她曾经给自己的定位是一个引领时尚的人，并且成为社交媒体上的红人，这也让她的背景故事听起来相当吸引人。但她此前从未想过自己最终会走上这条道路。

凯琳从没想过从事法律工作，但（同众多进入法律界的人一样）她被法律行业内丰厚的收入和斗智斗勇的工作所吸引，其收入可以帮助她偿还学校贷款。她进入了纽约一家大型律师事务所，在那里工作10年之后，她仍然觉得工作能激发自己去思考和学习，可是她也承受着压力，遇到了玻璃天花板。更加努力工作，力争进入合伙人之列，这点对她来说毫无吸引力。接下来要怎么办呢？一个错误几乎葬送了她在法律界的职业生涯，但同时也回答了她的那个问题。

她迫切需要度假。而就在佛罗里达州度假期间，律师事务所因为她犯的一个错误而陷入了非常戏剧化的境地，这让凯琳深受打击。"飞机在迈阿密着陆后，我打开黑莓手机，看到一连串的电子邮件，"她回忆说，"我得知就在出发度假之前，我犯了一个错误，这个错误可能会破坏一笔重要的交易。我原本是打算来度假的，所以根本就没有带手提电脑。于是那个周末我就待在联邦快递金考（Kinko）店里，使用他们的电脑和印务服务。当托德出现在我面前时，我的泪水夺眶而出。他说，'这不是你该有的样子。'托德现在已经是我的丈夫了。"

这个极其糟糕的周末成为凯琳的转折点。她知道自己必须做出改变，但往哪里变呢？她退一步问自己："我真的想从事法律工作吗？"她曾经面试了众多其他律师事务所的工作，但没有哪份工作让她感觉很对劲。"我非常害怕不能做律师，因为那份工作让我感觉'安全'，"凯琳说，"但就在我放弃最后一个机会后，我知道自己再也不想做律师了。"和闺蜜的一番谈话改变了她的想法。朋友给了她什么建议?"大胆跳吧,安全网总会出现的。"另一个朋友的建议是"不做就永远不知道行不行"。

凯琳表示,正是这两次谈话让她放心地离开了律师行业。这些谈话不仅仅促使她放眼其他地方,去寻找有意义的成功,同时也让她更加安心地离开自己已经适应的一个领域。"我在2011年5月7日离职,"她说,"此后有几个月的时间我没有上班。我去拜访朋友和家人,阅读,觉得非常放松。"

在慢慢恢复的过程中,凯琳发现自己对时尚的热爱或许能帮她回答"接下来要怎么办"这个问题。她常常帮助同事和朋友搭配衣物。她的安全网就是这个吗?她创立了一家时尚公司,充分利用她在律师事务所和企业界的人脉,致力于为女性提供专业服务。她慢慢明白,虽然她喜欢帮客户去购物,去曼哈顿大包小包地购买服装,但客户们不愿意为她投入的时间支付适当的费用,所以那条路行不通,或许那并非她的安全网。此后经济大萧条出现,她的客户们没了丰厚的收入供其随心所欲地购买服装。她的安全网断了。

也就是在策划自己的婚礼时,凯琳脑海里突然灵光乍现。在同婚庆纸品的平面设计师合作时,她突然想到创立自己的文具公司。这家公司是以她祖母的名字来命名的。祖母热爱文具,而且在凯琳儿时,她一直在一家贺卡公司工作。

可是那样没有用

或许你会想:"好吧,那样对凯琳来说有用,但我的条件决定了自己不能裸辞。"那么让我们再来看看苏珊·塔达妮可(Susan Tardanico)

的例子。苏珊多年来一直在一家跨国工业制造公司担任首席沟通官。随着公司和领导层发生变化,她逐渐发现尽管自己在公司投入了无数时间,但公司的情况开始慢慢背离她自身的价值观和人生愿景。她从来没有足够的时间去做一些必须要做的重要事情。身为公司高管,她需要全天候地投入工作中,为此牺牲了自己的大量个人生活。她意识到自己正在偏离个人对成功的定义,而且她也意识到自己将不得不放弃这种生活。

"我想重新拥有自己的生活,有更多的自由,时间更加灵活,更有掌控感,"苏珊说,"我开始感觉公司的价值观同我自己的价值观并不一致。"

"我已经连续八年一直保持在冲刺状态上,那时已经心力交瘁,"苏珊回忆说,"我要7天24小时待命,全身心地投入。我想要重新呼吸,能有更大的影响力。当你身处一家大企业,是企业这台大机器中的一个零部件,职场政治会变成你的重点之一。你要预防一些事情的发生,而我不想做管理工作,我想更多地去发挥自己的才能。我早就知道自己想要走人,但在多年后才真正离职。"

苏珊知道自己想要放弃那份工作,所以她开始有计划地存钱,花时间思考在离开公司后的第一年和第二年将会是怎么样的。她甚至还思考了究竟要给自己多少时间来争取成功或体会失败,因为她正在放弃相当丰厚的薪水。在采取行动之前,苏珊花了几年的时间来做准备,然后她决定放手一搏,最终创立了一家成功的领导力和教练咨询公司。

我们可以从凯琳和苏珊的故事中就职业改变吸取哪些经验教训呢?根据我们在指导客户时的发现,再综合凯琳和苏珊的故事,我们总结出下面几个要点。

第 3 章
找到自己的成功之路

- **在当前的工作不再能满足你的要求时,要去留意相关的各种迹象。**通常我们最初追求、最想要的工作会不再适合现在的你。公司和领导者总会发生变化,我们也在不断地发展,慢慢了解自己,我们所看重和所需要的东西也在变化。我们最初工作的公司常常也会不再符合我们的价值观。苏珊发现了这个问题,于是制订计划去寻找更有意义的工作,能够让她做真正的自己。不要怕说"这种情况不再适合我"。这不是失败,它意味着你在成长!抓住眼前的机会!
- **花时间去培养其他兴趣爱好。**阅读,参加各种兴趣班,去培养自己此前可能因为其他重要的事情而搁置一旁的兴趣爱好。借此来为可能的新职业奠定基础,或者仅仅是让自己拥有一种爱好,可以定期地沉浸其中。如果你必须留在当前的工作岗位上,那么至少给自己一定的空间去设想一下下一步。凯琳正是在筹划自己的婚礼时,突然有了创立一家文具公司的想法,当时她还在继续打工,没有辞职。所以散散步、随手涂鸦、冥想,或者是做其他任何事情,给自己的大脑一些空间,让新构想能够绽放。给自己足够的空间来寻找下一个成功。
- **为下一步行动打基础。**我们多数人不能说辞职就辞职,然后无限期地没收入也能继续生存。苏珊制订了计划,确定了自己在没有固定收入的情况下要维持当前的生活方式需要多少钱,然后开始攒钱。她也确定了给自己多少时间去尝试新的方向并取得成功。对这些步骤的认真思考让她能灵活应对,化解下一步行动中的"风险",从而在合适的时间点自信地辞职。
- **尝试副业。**不要直接辞职,先培养自己的兴趣爱好,做做志愿者或顾问,看看这些经验会引导你走向哪个方向。这些探索是否会变成你的起跳点呢？

- **找到一群顾问**。职业变化会让人感到非常害怕，让我们直面这个问题，但不要独自去面对。凯琳找到了一群志趣相投的女性，她们都在独自创业。其中一位后来成为凯琳的监督伙伴，在她灰心时鼓励她，在她缺少动力没有实现目标时在后面推她一把。找到一群朋友、导师或保荐人，在你计划下一步行动时支持你，鼓励你接受挑战。第 4 章将告诉你如何去寻找他们。
- **做好准备在彻底改变职业时不断地加以调整和适应**。同凯琳一样，辞职后的第一个计划可能并非你最终的目的地，但它将帮助你了解自己内心真正喜欢的是什么。

如果下面列举的情况在你身上也存在，那么是时候去彻底改变一下了。

- 你感觉公司的价值观和你自身的价值观并不相符。
- 工作内容不再让你感觉有动力，有激情。
- 你感觉自己没有什么影响力，而你可以在其他地方发挥更大的影响力。
- 你所在的环境不正常，或者甚至是有毒的，让你感到精疲力竭。
- 你感觉自己此前针对当前这份工作所做的所有计划都已经完成，看不到其他机会。
- 你常常会白日做梦，想着去追求其他兴趣爱好。

如果你有上面那些想法，那么重新思考一下自己当前的职业，或者是开始计划下一步行动，寻找更加符合自身愿景的职业。加油干吧！

光荣的失败

失败会伴随彻底的改变和成功而出现。我们采访过的高管都或多或少经历过失败。对于一些习惯于制订计划、努力工作然后获得成功的成绩斐然的人来说，失败会特别棘手。失败可能会让一些领导者却步，但我们采访的高管们都百折不挠，勇于克服种种障碍，直到实现目标。

卡罗尔·德韦克（Carol Dweck）表示，面对失败永不放弃的能力关键在于成长型心智模式。德韦克认为，我们的心智模式可以被划分为固定型和成长型两类。拥有固定型心智模式的人通常认为他们的基本特征是固有的，例如才能或智力。他们重视证明自身的能力，而不是去培养和发展能力。他们希望能实现目标，取得成功。对他们来说，高绩效是带来成就感的关键。而拥有成长型心智模式的人认为他们可以去培养和提高自身的能力，所以他们会努力去实践，勤勤恳恳工作，不断失败后再尝试，从中加以学习。根据德韦克的经验，以及我们在采访中所了解到的情况，那些将自己视为成功者的人拥有的都是成长型心智模式。

当你努力去超越自我时，必定会遭遇失败，这是百分之百的事情。你遇到的可能是小小的挫折，可能会是重大的打击，但如果没有经历过失败，就说明你尝试得还不够。硅谷的一位同事向我们介绍了其公司举办的研讨会。研讨会上，创业者们聚在一起，畅谈他们遇到的最大的失败（想象一下）以及他们从中吸取到的经验教训。我们非常喜欢这种研讨会，我们必须打破成功人士不会失败的神话。逛逛社交媒体，你可能认为成功人士不会失败，对吧？我们生活在一个被高度策划的世界里，人们展现出来的人设都是经过精心设计和打造的。人们晒自己超棒的新工作、精彩的假期、让人垂涎欲滴的佳肴，还有出色的孩子，成功似乎是一夜之间的事情。我们看到关于他人失败的内容会有多少？基本上没有。但我们需要失败，因为失败会提供此前所没有的数据。我们可以利用这些知识和数据来修改自己的决定，弄清楚自己的发展愿景。只有通过失败，我们才能成为最好的自己。

创新领导力中心的部分基础性研究着重于了解领导者认为哪些类型的经历可以带来最重要的经验教训。失败是"困境"经历中的一种，领导者可以从中学习。这类经历包括商业失误、摆脱事业窠臼或一份糟糕的工作，以及与问题员工打交道。从这些困境中，人们能够懂得对个人生活或事业来说，什么是真正重要的东西，个人的优势或缺点是什么，这些优势和缺点如何决定了哪类工作和职业是最适合自己的，以及如何把握自身的职业发展，制定策略，不断朝着成功迈进。

在创新领导力中心女性领导力项目中，我们请女性思考她们最光荣的失败是什么，并且与同伴们分享。为什么要这样做？在项目的执行过程中，我们请女性勇敢地尝试新行为和新工作方法，离开舒适区。这些新方法的尝试有些会取得成功，有些则会碰壁。那没有问题！最重要的是你从中吸取了经验教训。

在我们的研究和对话中，我们发现男性和女性在面对失败时有着截然不同的处理方法。女性认为失败是个人缺点所导致的，而男性不会将失败和个人挂钩，他们觉得失败是自己所无法控制的，没有必要因此去反省自身能力是否存在问题。

董事会成员、退休CEO史蒂夫向我们讲述了他早期在餐厅担任年轻高管时的一段故事。

第 3 章
找到自己的成功之路

史蒂夫认为他为必胜客制订的比萨饼外卖计划是十拿九稳的事情，但最终事实却是他遭遇了所谓的"最大的个人挫败"。20世纪80年代中期，他曾经负责管理必胜客公司。当时该公司刚刚开始展开比萨饼外卖业务，为此他制订了一份计划书，该计划书得到了董事会的支持，可最终在实施过程中却遭遇惨败。几个月后，必胜客公司开始每月亏损100万美元，而计划书当时预计的年利润为5200万美元。他说："一直到现在，我都不知道为什么公司没有开除我。但在那时候，几个月后我找到自己的老板，'计划没有成功。'他说，'我知道。你接下来打算怎么纠正错误？'"史蒂夫的老板表示，计划书的整体方向是正确的，但在执行上出了问题。

于是史蒂夫制订了另一份计划书。尽管花了两年半的时间，但最终他的构想还是取得了成功。"从失败到成功花了足足两年半的时间，那段经历成了我职业生涯中最重要的两年半。我从中懂得了要如何面对失败，而我面对失败时的处理方法也给他人留下了深刻的印象。"身为领导，史蒂夫会观察他人是如何应对和克服失败的，而这些观察结果也会影响到他在提拔员工到重要岗位时的人员选择。"人生不会只有成功，因为成功不是生活的全部，"史蒂夫说，"我看到有些人在选择工作时会逃避风险。这些人升至高层后会跌得很惨，因为他们此前不需要和失败打交道。我们每天都会有成功也有失败。真正重要的是你会如何去面对失败。"

西藏金刚乘比丘尼佩玛·丘卓（Pema Chodron）鼓励大家要"失败再失败，失败得更漂亮点"。身为女性，当我们面临失败时，通常会把失败藏在心底，认为"我是一个失败者"，而不是想着"我的确在乎这件事情，但它没有成功。原因在哪呢？"佩玛·丘卓让大家面对失败时要保持一份好奇心，不要去忽视伴随失败出现的伤心、愤怒和茫然等情绪。失败通常是个机会，我们可以退后一步去纵览全局。在职业生涯里，失败可以成为你的发展跳板。

设定高标准

饶具讽刺意味的是，我们的众多采访对象给人的感觉就是他们尚不成功，甚至可能永远无法获得成功。为什么？女性和男性在进入组织的高层后并不认为自己是成功人士？这是什么意思？这是因为他们对成功的定义并不只是盯着某份工作或某项职业。他们眼中的成功是能留下一定的精神和物质财富，是他们为这个世界做出的贡献，以及他们对其他人的生命所产生的影响。

独有的成功方法

前文中，我们请大家思考后在笔记本上记录下成功对你来说意味着什么。你是根据当前的工作来定义成功的吗？或者你是从人生的角度来定义成功的吗？如果你是成功人士，在你过世后，人们将如何评价你？

在大脑中有了整幅画面之后，再简单画出你从当前的状态到未来的成功状态的整个过程。放轻松，画条直线或者是一条弯弯曲曲的道路，只要适合你就行。

在这个过程中，你认为自己必须有什么特别的经历吗？如果有，而且如果你对如何获得那些经历进行过具体的思考，那么按照自己的想法，在过程图上记录下来。

如果你打算现在就实现飞跃，那会是什么呢？在过程图上补充这个飞跃的类型和你的相关想法。这意味着你要辞去当前的工作，还是保留当前的工作，但你会突破舒适圈，尝试新的东西？

成功的定义和道路没有定式，关键在于要适合自己。你不需要制订计划，但必须有一条道路能引领你去追求自己心目中的成功。要如何走到成功这个目的地，完全取决于你自己。但你怎么才能知道自己是否已经到达了目的地呢？这就取决于你的价值观（是的，价值观这个话题贯穿整本书）、你的追求，以及你的独有贡献。你实现这些了吗？你内心最深处的追求已经实现了吗？你是在做出贡献吗？你会希望他人来讲述你即将谱写的这段故事吗？如果答案是肯定的，那么恭喜你，你正在朝着成功迈进！

不管这条道路有多么曲折，不管有多少次你感觉自己在退步，你都会取得成功。如果你在职业生涯和个人生活中乐于对成功进行重新定义，只要你觉得方向正确，终将会走到成功这个目的地的！

值得反思的问题

请打开你的笔记本，回答下列问题：

- 我最光荣的失败是什么？
- 在失败的那一刻，我有什么样的感受？
- 这段经历教会了我什么，可以让我走出舒适区，去实现我的人生梦想？
- 我是否已经做好准备去彻底改变自己的职业生涯？
- 我是否应该换工作，或者只是对当前的工作进行调整？

在笔记本上记录下这些问题的答案，请至少写满两页纸。不要担心答案的质量，不要去修改自己的答案。现在，我们通过最后一个问题来思考下一步：

- 我现在可以采取哪一两项行动，让自己拥有更合适的职业生涯，可以做真正的自己？

CHAPTER FOUR

第 4 章

搭建人脉网

没有导师，我是无法做到的。优秀的导师曾经对我说逆耳的忠言，他们告诉我残酷的事实。他们的坦诚值得赞扬，而我的优点则是我能听得进那些话。

玛丽·贝丝·巴丁

威瑞森公司（Verizon）前首席传播官

思考一下

- 建立关系网的重要性。该关系网中的人可以帮助你实现发展，争取新机会，并拓展新人脉。
- 导师和保荐人可以在哪些方面帮到你？
- 如何规划自己的职业关系网？

我们现在是否能马上达成共识呢？无论性别如何，我们没有谁是可以单靠自己取得成功的。不管是在工作中、生活中，还是在彼此的关系中，谁都做不到。想象一下，是否会有某个世界，让你在其中始终是一个人生活、一个人工作、一个人吃饭、一个人锻炼、一个人休息？当然没有！人类天生就是群居的。当然，相比之下有些人会更喜欢集体生活，但极少有人会在一生中不与任何人有联系或有关系，不依靠其他任何人，或者不受其他任何人的影响。不管是否刻意为之，那都是不可能做到的。其他人对我们的成功和失败都将产生一定的影响。

所以说到要成为成功的领导者，在这个发展过程中会有某人（或某些人）在某个方面影响到你。有人可能会为你提供建议，是你的榜样，是可怕的老板或同僚，在你就任新职位时向你传授秘诀，或者将你引荐给其他人，由此帮助你获得了下一个职业发展机会。这些身边的人组成了我们的关系网，他们可以支持我们，也可能会阻碍我们发展，导致我们无法按计划成为领导者。

这些人有着不同的名字、不同的头衔。在本章中，我们会分别称他们为导师、保荐人和关系网其他成员。在我们希望提升自身领导力时，这些角色都至关重要，他们彼此之间也存在重要的差别。创新领导力中心此前研究过领导者如何从他人身上进行学习，而所有这些人都充分证明了创新领导力中心的研究结果。在开创性的"从历练中学习"研究项目（Lessons of Experience）中，摩根·麦考尔（Morgan McCall）、迈克·隆巴尔多（Mike Lombardo）和安·莫里森（Ann Morrison）发现，领导者20%的领导知识是在同其他人打交道的过程中学习到的。

现实状况

在详细探讨关系网中各类成员在你的发展中具体扮演什么角色之前，我们先要认清一个现实情况。这种现实情况甚少有人讨论：并非所有领导者都拥有同样多的导师和保荐人，也并非所有领导者都拥有最重要的关系网。对有色人种的男性和女性来说尤为如此。迈克尔·麦卡菲分享了他的故事。他也是我们所采访过的男性之一，他的故事可以让我们看到那种差异。迈克尔出生于工人家庭，是一位美国黑人。他的观点来自他自己在职业阶梯上攀爬的经历，也来自他辅导众多年轻职场人士的经历。缺乏特定的关系网络（有时候是缺乏相关知识），有时候会是一种劣势，这时必须通过其他方式来搭建自己所需的关系网，推动职业发展。对于这点迈克尔深有体会。

他指出，白人男性年纪尚小时就会去考虑关系网、导师和保荐人的问题。他们可能用的不是这几个词语，但白人男孩会通过体育运动队、兄弟会和童子军等这类社会服务俱乐部进行社交，这种社交可以让他们在成年后依然保持紧密的关系，终生都有来往。这种关系有着根深蒂固的文化基础，是可以预期的。在白人男性进入职场后，他们通常已经建立起那种可靠的关系，并且可以去利用这些关系，他们可能在最初就会利用这些关系来找工作。如果你不早早懂得如何建立这些关系，以及为什么这些关系很重要，你就会处于劣势。

"我曾经看到白人男性在尚未准备充分的时候就去争取特定的职位，其他白人男性会罩着他们。这些关系不只是一种交易，他们是真正的导师和保荐人。这种方式也给白人男性带来了种种帮助。他们的晋升速度更快，因为背后有人在支持他们，称他们已经做好准备（即使事实并非如此）。我们（有色人种和女性）的关系网通常非常脆弱，"

迈克尔解释说，"我们不隶属于任何亲密团体。如果你是第一代移民，或者是在贫困的环境或工人阶层家庭中长大，那你甚至都不了解这些关系网，你不知道它们是怎么运作的。所以我们当中很多人没有这种背景，无法从中学会如何来进行社交。我们是在工作中边干边学的，而这时我们已经迫切需要这种关系了。正因为如此，我们会遇到诸多困难。"

也正是因为这种背景，本章将会提供一些切实可行的建议，帮助大家缩短学习曲线，了解这些关系，并能加以利用。

导师

导师和保荐人都是一种发展型关系。正如我们在本章开始时指出的，创新领导力中心的经验教训调查研究显示，对不同性别和不同文化的人来说，发展型关系都是推动个人发展的第二大力量，仅位于挑战性任务之后。

不管性别是什么，人们通常都会被建议找位导师。这种话你听到过多少次？导师能提供建议，给予你指导。多数女性采访对象都提到，在她们的职业生涯里，导师曾经给予她们出色的指导和得力的支持。例如简·卡普斯谈到，她最初的一位经理曾经传授给她写作技巧。她说："写作技巧的重要性是无法低估的。他告诉我在陈述观点时要尽可能简明扼要。他也是一位出色的财务经理，帮助我培养了财务方面的技能。在工作中遇到挫折时，我知道自己可以去找他帮忙解决问题。他会倾听，然后给我提供很好的指导。"

玛西亚·埃夫登（Marcia Avedon）在一家多元化的跨国工业制造公司担任首席人力资源官和沟通官。她给我们讲述了一位经理人的故事。这位经理人遵循高标准，曾经坦诚地给她提出高质量的建议。"她的建议会不留情面，但我知道她关心我，是为了我好。"

简和玛西亚的经历与蒂姆·赖斯（Tim Rice）在给女性提供指导时的建议完全一致。蒂姆·赖斯退休前曾经在一家大型医院担任CEO。他建议女性寻找优秀的导师，导师性别不限，但要能花时间和精力来帮助她们获得发展和进步。蒂姆表示，理想的导师会定期针对指导对象的职业和发展进行思考，并乐于直率地给出建设性的反馈意见。

在寻求男性导师时，女性可能会碰到难题，因为女性所寻求的那种"全身心"型的导师指导可能会让男性领导者感到不自在。人力资源咨询公司CEO卡姆·丹尼尔森（Cam Danielson）讲述了其早期担任经理时的经历。卡姆发现，男性在寻求指导和发展时通常是行动导向，把关注点放在事实和数字上，而女性通常会从更加均衡的角度去寻求发展，在考虑问题时既注重感受，也注意"大局"。卡姆表示："在过去，女性团队成员所采用的方式让我感到不适应。那不是我的强项，所以我会闭嘴。我的沉默在她们看来就是在批评她们的问题和想法，这导致她们往后撤退，不再积极地进行探讨。这对女性来说不公平，因为我没能满足她们在指导方面的需求。现在，我对这方面有了更好的理解，也明白在工作场所必须对男性方式和女性方式进行平衡。事实上，男性和女性身上同时会存在那两种方式，只是我们在一开始会有所偏好。导师必须意识到他们自身的偏见会对自己有幸指导的人产生哪些影响。"

你曾经听说过统计数据显示女性得到的指导过多而保荐太少吗？是的，女性得到的指导通常要比男性多。为什么会如此呢？这会有助于女性在其领导者道路上的发展吗？研究显示，女性会需要（或寻求）更多指导，因为导师能为她们提供支持，帮助她们建立自信，鼓励她们做一些对女性而言通常很少会做且难度较大的事情，例如，谈判、自我宣传，以及申请挑战性的任务或职位。女性可能会被告知去找一位导师，而男性则会被建议去寻找保荐人。

导师对女性而言肯定重要，但如果他们不能提供职业发展通常所需的、具体的支持，这时候就需要保荐人发挥作用了。导师和保荐人可能是同一个人，但通常二者是分开的。

保荐人

除了给予指导外，保荐人还会发挥另一个作用，即他们会积极地为成长中的领导者争取机会。他们会推荐那些极有发展前途的领导者，帮助他们争取具有挑战性的任务，也会向他们提供或推荐那些机会。保荐人对男性而言相当重要，而对女性来说可谓十分关键，但男性拥有保荐人的概率要比女性大。你或许会问，为什么会这样呢？这个问题问得很好。让我们想想看，保荐人一般可能会是什么人？他们能够推荐自己所保荐的人，去为他们创造机会，所以这些人必定在组织内拥有一定的权威地位，在组织内级别较高。如果组织内的高层领导者主要是男性，那么男性更可能成为保荐人。而且鉴于男性通常更习惯于去指导和支持其他男性，你自己算算就会知道那个问题的答案了。

斯蒂芬·杰拉斯（Stephen Gerras）是一位退役陆军上校，目前在美国陆军战争学院（US Army War College）任教。我们请他针对女性如何在组织内一步一步获得升迁提出自己的建议。除了充分利用组织内的女性领导者群体外，斯蒂芬着重强调了发展型关系的重要性，并且建议女性去请男性担任导师和保荐人。但他并没有脱离实际,他承认男性和女性之间的师徒关系容易让人心生疑窦,这也导致双方在实际操作中会遭遇切实的难题。不过他相信最优秀的领导者都是专业人士,会恰如其分地处理此类关系。男性和女性若有兴趣一起克服(和避免)异性指导和支持关系中潜在的复杂问题,《雅典娜的崛起》(*Athena Rising*)这类资源可以为他们提供有用的指导。

玛西亚在初入职场时就有幸找到了这样一位保荐人。当时她在公司从事人力资源工作,级别很低,而她的保荐人是公司业务总裁之一。他让玛西亚参与到自己的业务运营工作中,并且带她参加与其他高层管理人员的会议。"就算我在会议上只是发挥辅助性的作用,但我从那些对话中学到了非常多的东西。他这样做是在刻意培养我。他把我放到一些需要承担一定责任的岗位上。按照我自己的理解,那些岗位的要求超出了我的职业水平和年龄。我发现自身的能力超出了我原本的预期,因为他觉得我可以做到!他尊重我的才智和职业道德,在非常重要的决策和项目上对我委以重任。他就是一位出色的保荐人和导师。"

蒂姆建议女性(和男性)寻找那些能为他们开启机会大门的保荐人。"我有一位年轻女性同事,我可以帮助她,为她开启机会的大门,"蒂姆说,"她也有一位官方的教练,能够在领导技能和其他领域给予她帮助,但无法为她开启机会的大门。因为她对社区领导力颇感兴趣,我也建议她去找一位社区的女性领导者担任保荐人,这个人的职场发展道路是她愿意追随的,而且这个人能为她开启该领域的大门。"

罗莎莉是一位大学的校长,有大量可以求助的对象,她也常常会和他们进行交流。她会根据自身需求的类型(比如是个人需求还是与工作相关的需求）去找关系网中的一些人，以得到比较深层次的建议。为她提供出色指导的人曾经是她重要的保荐人之一。罗莎莉当时有机会到一家大型高校系统从事行政管理工作，而她的目标是成为某一大学校区的校长。她当时颇为犹豫，因为她觉得到高校系统工作会让她偏离通往校长的理想道路。她的保荐人给她讲述了自己的经历，让她意识到更核心角色的价值。罗莎莉可以了解该系统内的众多校区，也有机会同外部利益群体、州长办公室和州医院等合作，这样她能得到的经验是在单一大学校区工作所无法获取的，就算担任校区校长也没用。在接受高校系统的工作后，罗莎莉为最终担任校长奠定了完美的基础。正是有了这位保荐人的建议，罗莎莉才会勇敢挑战她此前看不上的机会。

关系网

女性可能会有多位导师，可能还有一到两位保荐人，第三类可利用的发展型关系就是关系网了。关系网是指在组织内外的人脉网。你同关系网的关系可能不如同优秀导师或保荐人那么亲近，私人层面的交流可能也不是那么多，但你也能立即联系他们，从他们那里寻求帮助。

关系网通常分为实用型、个人型和战略型。这三种关系网可能会有所重叠，但它们各有优势，也各自能满足不同的目的。实用型关系网通常能帮助你管理组织内部的工作职责；个人型关系网能支持你的个人发展；而战略型关系网的重点是发掘你潜在的新机会，让你有机会去接触那些在追求新机会时必需的关键利益相关者。

拥有高质量关系网的领导者能获得以下益处。

- 能早早听闻新消息，能够抓住了解多元化专业知识和见解的机会，通常晋升速度更快，职业流动性更强，也能更加顺畅地适应不断变化的环境。
- 有可能跻身组织内绩效最高的 20% 的人员之列。
- 在复杂的企业架构和组织内影响力更大（绩效可提高 75%）。

按照我们的同事查克·帕勒斯（Chuck Palus）、韦雷德·阿西夫（Vered Asif）和克里斯汀·卡伦 – 莱斯特（Kristin Cullen-Lester）的研究，在我们所采访的女性中，有部分人可以被称为"关系网精通型"高管。与那些对关系的理解比较狭隘的人相比，她们对关系网的看法让她们拥有了以下五大优势。

- **懂得组织的运作方式**。她们会突破组织结构图，力争了解信息在各部门和各级别中，以及在各部门和各级别之间的复杂关系网中是如何流动的。
- **发现、培养和利用隐性领导者**。她们会去寻找组织内的非正式领导者，也善于发现变革推动者、有影响力的人员，以及各关系网中的枢纽人物。
- **了解自己个人发展的关系网，并且会巩固该关系网**。她们会积极地分析自身的关系网，了解该关系网能带来的机会和存在的局限性，并且会刻意地去巩固和加强该关系网。
- **懂得组织内的关系网是多样的，且是不断变化的**。她们可以看出组织内的不同部分是如何联系在一起的，又应该如何来管理这些联系。
- **会培养相辅相成的领导文化**。她们明白关系网的存在和发展靠的是组织文化。如果领导文化强调的是服从权威，那么领导者会阻碍信息的自由交流。如果文化鼓励参与性领导,其各个关系网通常会相互关联,相互依赖。

罗莎莉表示:"在搭建我自己的关系网时,我想着'我在哪些方面可以利用所在大学的各种关系或者是帮助大学建立关系?我在哪些领域可以培养自己的兴趣和关系网?'"所以她在地方商业组织理事会任职,借此和商界建立联系;她在自己大学所在的协会担任会长,以便自己与其他大学进行联系;而且她是所在社区校长团体的副主席,这有助于她同所在地区的其他校长进行沟通交流。

罗莎莉常常被邀请加入女性的关系网,而她会有目的性地进行选择。她对待其他关系网也是如此,例如,罗莎莉曾经被邀请管理其所在州的一个女性团体。而她表示,如果该团体能够帮助到参与的女性,她会非常乐意。罗莎莉说:"该团体本来计划针对高级领导者,但实际已经变为针对级别较低的人员。这些成员无法克服当前的障碍,找不到方法来解决自己的问题。我找来了会长和副会长,改变了这个团体。我只在该团体服务了三年的时间,因为我觉得应该让其他人来接手,而我希望能在自己可以真正发挥影响力的领域工作。"

美国退役空军准将达娜·博恩目前是位大学教授。她当前的"个人董事会"有三个人选。她至少每六个月会和他们每个人单独碰一次面,讨论她的个人和专业目标。达娜的关系网相当多元化,因为这三人来自她生活中三个截然不同的领域,而且彼此并不认识。他们并不会一起碰头。他们有不同的经验和关系网,每个人都能给达娜带来不一样的帮助。

达娜的关系网中有一个人是退役军人,曾经是达娜的上司。"在我退役的时候,他曾经是当时主事的官员。当我遇到最艰巨和最严峻的考验时,他会帮助我安然渡过难关,"她说,"在我的职业生涯里,我曾经在不同时期多次在他手下工作,所以他也是我在多个职业阶段的导师。他会帮助我分析和解决与个人目标和专业目标相关的问题,而且我们两个都有着相同的信念和观点。关系网中第二个重要的人是在我当前所供职的学术机构认识的。我和他在专业上有众多领域重叠,常常会碰面。我们会讨论所在大学学院的组织变化,在教授和研究领导力上的专业发展,以及他在大学里整合自己的商业智慧和教学经历的经验教训等。不管是从商业角度还是从教学者的角度,他都能看出并了解我的问题。关系网中第三位关键人物是我所在州妇女论坛(Women's Forum)的领导人。州妇女论坛是国际妇女论坛(International Women's Forum)的成员。国际妇女论坛由76个不同的论坛组成,其6500余位职业女性成员遍布全球。这位领导者组织了一场晚宴,参加的是多位非常出色的女性,我都不清楚她是如何做到的。我们简直是相见恨晚。我们俩都是母亲,喜欢爬山和跑步,也都是有上进心的职业女性。那天晚上太美妙了!这座城市当时让人感觉很不热情,而且人们也很难参与到地方和州政府的事务中去。而就在这样一座城市里,我感觉自己拥有了一个社交支持网络。她和我在一些重要的方面存在差异,我们俩个性也不同。人们会问我为什么我们俩能处得来,因为她相当直率,而我更含蓄。但我喜欢这种友谊,因为我需要'粗暴'一点的朋友。次年在我们州举办国际大会时,她邀请我同她一起工作,让我进一步参与到组织的工作中。后来,她让我加入理事会,再后来又成为州一级的理事会会长,并且加入全球论坛的会长理事会。这个关系网给我带来了许多帮助。我希望能利用自己的关系网去帮助其他人。我想为他们提供关系网带来的机会,那是在其他地方无法获得的。"

关系网中的性别差异

创新领导力中心的同事凯特·费里尔（Kate Frear）和亚历克斯·赫巴斯（Alex Gerbasi）与利恩·考迪尔（Leann Caudill）最近联合进行了研究并共同著书。他们使用网络方法分析了男性和女性在认定自己是他人的领导者上是否存在区别。男性和女性是否会主动认为自己是他人的领导者？其他人又是否会认同由他们来担任领导者呢？为了明确领导地位，领导者和其追随者必须对彼此的关系有共同的认识。与女性相比，男性会过于强调自身的领导地位，这意味着男性会喜欢声称自己是领导者，就算他们心目中的追随者并不那样认为。女性则不会过于强调自己的领导地位。

任何关系网中都会有多种角色，他们也会发挥不一样的作用（参见图 4-1）。我们的同事克里斯汀·卡伦-莱斯特、查克·帕勒斯和克雷格·阿派尼尔（Craig Appaneal）在创新领导力中心的出版物中曾经介绍过这些内容。本书中我们将重点关注其中的两个部分，从中发现在实际上存在的性别差异。第一个角色就是经纪人，即将关系网或组织内的各部分联系在一起的人，如果没有了他们，这个网络就会断掉。他们所发挥的作用非常独特，可以推动或阻碍创新和改变。第二个角色是枢纽人物，他们与网络中很多人都有直接的联系，他们拥有非常广泛的信息源，同时还将信息传播给其他人。这两个角色之间的差异至关重要，因为经纪人带来的机会要比枢纽人物多。经纪人面对着不同群体的各种视角，所以他们通常会有新的观点。与枢纽人物相比，经纪人可以更早获得信息，而且获得信息的频次更高，他们也能够了解各种创造力和创新，因为不同群体和观点的碰撞必定会带来创新和创造力。当新职业机会出现时，经纪人通常正好就在合适的位置等着。

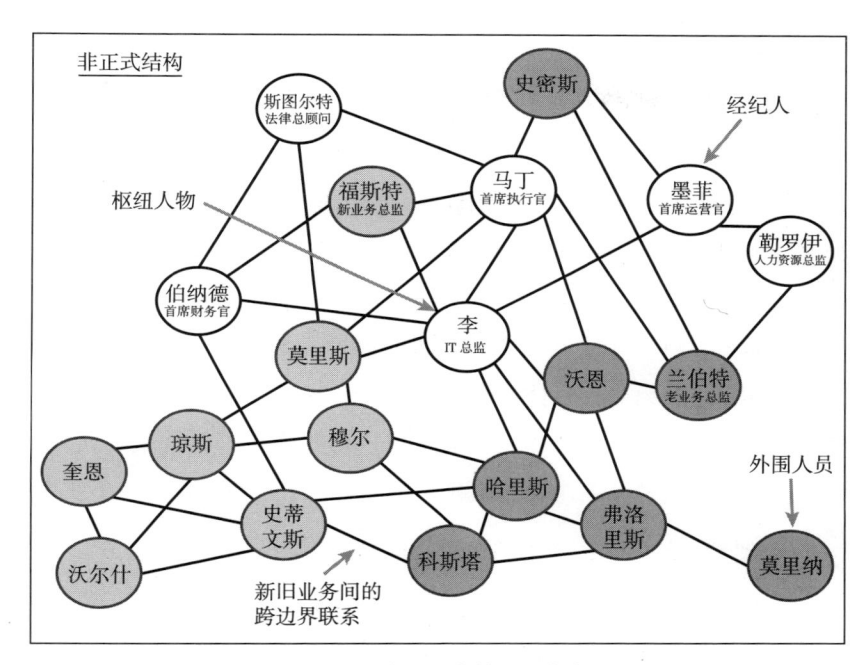

图 4-1 关系网中的重要角色

我们的前同事克里斯·厄恩斯特（Chris Ernst）曾经对关系网进行过研究，并且协助组织建立和发展其关系网。克里斯表示，以他在多个组织内的经验来看，女性一般会更多地扮演枢纽人物的角色，而非经纪人角色。克里斯认为如果女性能保持一颗好奇心，想要去了解和懂得如何来利用其关系网，那她就能在关系网中游刃有余。他鼓励女性同组织内的其他人定期一起吃午餐，向组织内其他部门的人员问一些问题，表达自己参与跨组织项目的兴趣。

研究表明，当关系网的搭建是有目的的，而不仅仅是为了社交时，女性会更愿意花时间去做这项工作。例如，当关系网的搭建是为了帮助所在组织开发新业务，或者是为了支持对组织而言非常重要的社会事业，女性就会更愿意投入时间。当有重要的目标作为驱动力时，女性会更加积极地去搭建和维护关系网，也会更加成功。这种重要目标突破了单一的项目，会将组织内朝着同一目标努力的人都联系在一起。

玛西亚就是一个例子。从她身上，我们可以看到上段文字中提到的建设关系网的动力，她在多个协会和委员会里相当活跃。玛西亚解释说："重要的不是加入这些组织并成为成员，而是要在那些组织内担任领导职务，进一步推动该组织的事业发展。多年来，我在理事会、协会和其他组织内的投入让我个人得到了大量的认可，这些组织都服务于某个目标，让我可以去回报社会。这种投入也给我带来了回报。我喜欢去建设这种关系，去做出自己的贡献，但这些工作也给了我想都没想到过的关系网。"

当被问到是否注意到关系网方面的性别差异时，玛西亚表示，女性通常不会去自我推销，力争成为领导者。"我在某个理事会担任主席，四年任期即将结束，但自荐接任的人中没有一个是女性，"她说，"有少数几个人打电话给我，询问接任主席的事情，可他们都是男性。他们似乎更善于自荐，而且也会更有计划性地去争取，以达到自己的目的。估计有时候女性可能在想，'别人会注意到我的，好运气会自己出现的，我不需要毛遂自荐'。"玛西亚自认为非常幸运，有人会推荐她担任那些职务，但她也认为女性不能只等着别人去提名自己。女性必须自己去争取成为那些职务的候选人，利用那些职务来建设关系网。她们必须发挥我们在第 2 章中所谈到的主观能动性。

到目前为止，我们已经通过领导者的故事来说明强有力的导师、保荐人和关系网能提升领导者的曝光率，增加他们的经验，并且推动职业发展，我们也介绍了相关研究，说明女性的这些发展型关系不同于男性。所以现在的问题是你要怎么做呢？你的关系网是什么样的？让我们继续来探讨吧！

你的关系网是什么样的

分析关系网的方法纷繁多样。创新领导力中心在部分领导力发展项目中会使用下面这种方法。

第一步

想想看，你的关系网中有哪些关键的利益相关者。他们可能是你的导师、保荐人、上司、同僚、团队成员，或者是组织外部专业团体的成员。想想看，你会依靠哪些人帮你做出艰难的决定，高效地完成工作，寻找下一项有趣的工作或项目，以及哪些人认可你的工作和团队的工作，他们也可能会在这些方面依靠你。列举出这些名字。

第二步

将第一步中的姓名清单填入图 4–2 中，或者是在你的笔记本上绘制类似的图。在最中心的圆圈内填入你自己的名字，然后通过众多同心圆来表示你与其他人之间的关系密切度。在第二个圆圈内填入你最依靠以及最依赖你的人的名字。在第三个圆圈内填入同你关系最亲密的人的名字，只是你们之间的关系不如上一个圈内的人那么紧密。采用这种方式继续填写其他人的名字。随着你与他们的关系变得疏远，依赖度降低，他们的名字距离图的中心圈也越来越远。如果关系网中的其他人彼此之间也有所关联，在填写时请将他们的名字放在比较近的地方。

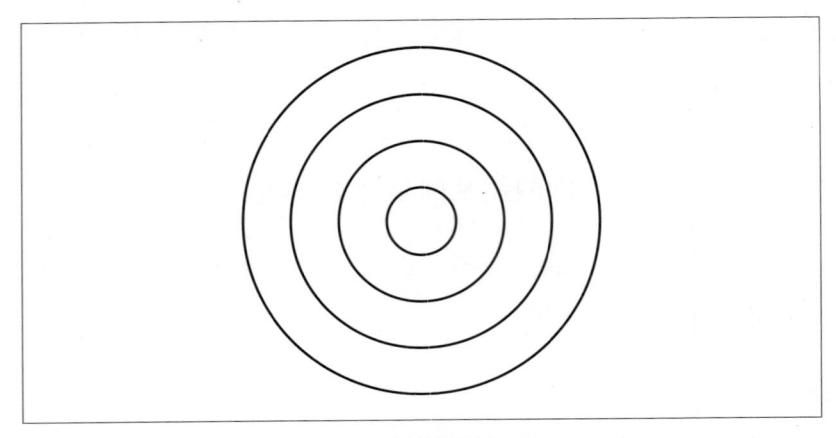

图 4-2　关系网的多样性

在将名字都填入图 4-2 中后，用圆圈将每个名字圈起来。把你自己的名字和其他各个名字用实线连起来，再用虚线将其他相互之间存在关系的人连起来。不要担心自己的图看上去乱七八糟的，多数关系网就是这样的！现在再看看你的图。你是否看到有几群人似乎彼此之间有联系，而有几群人似乎和其他几群人没有联系，或者只是通过某一个人来与其他人建立联系？又或者在你的关系网中，每个人彼此之间都存在关联？在你的关系网中，所有存在关联的人都在最靠近你的圆圈里，还是都在距离你最远的圆圈里？或者这些人分散在各个圆圈里？

现在，请利用该关系图评估你的关系网的健康程度。理想的关系网中，与你存在关系的人会分散在关系图的各个圆圈里，有些人和你的关系更为亲密，有些人和你的关系更为疏远，但仍然在你的关系网中。你的关系网中有多少人呢？你是否觉得该关系网足以帮助你在各个必要的领域都能找到联系人，但又不至于大得难以管理？在你的关系网中，各群人之间的关联性如何？各群人之间应该存在一定的联系，但又不应该联系得过于紧密。如果关系网中每个人之间都存在关联，那么这个关系网就是"封闭的"或者说是"孤立的"，你可能无法获得高质量且多样的信息。我们无法提供一个具体的清单来分析你的关系网是否具备多样性。真正的核心在于你感觉该关系网是否能为你提供不同的信息源和不一样的机会。

如果你的关系网图展现出来的多样性不尽如人意，不要害怕！有众多方法可以帮助你提高关系网的多样性。接下来我们就着手进行吧。

提高关系网的多样性

为了帮助领导者提高关系网的多样性，创新领导力中心特意根据各种实证设计了一套方法。创新领导力中心在该领域所做的工作可以为新任管理者、高潜能领导者、高级管理者，以及公司执行高管层提供提高关系网多样性的信息和策略。本书针对的是职业生涯中期的女性领导者，她们可能已经成为高级管理者或执行高管层，所以我们在本章中也只会重点关注适合该层次领导者的策略。

高级管理者：培养战略性的关系

随着职责越来越重，高级管理者的成功与否日渐取决于其战略执行和资源管理的能力。对于高级管理者、职能部门和业务部门管理者，以及整个组织的管理者来说，情况确实如此。这些领导者是组织的运营枢纽，常常因为利益相关者之间的对立和工作重点的变化而头痛。他们要面对海量的请求、行动项目、截止日期、会议和绩效要求。因此战略性关系网变得格外重要，众多领导者管理关系的方法由此发生了重要的改变。请记住，战略性关系网重点关注的是潜在的新机会，可以让你接触到核心的利益相关者。战略性关系网必须具备多样性，能够发现新机会，也能够接触到不同的核心利益相关者。你的关系网必须能为你提供不同领域和不同来源的观点和人脉。

随着高级管理者的工作职责从管理普通员工转变为管理其他管理者，他们遇到的最大变化就是自主性的缺乏。组织会给高潜能领导者更多自由去采取行动，完成工作，而战略性领导者不再拥有这种自主性。高级管理者是组织内的中层管理者，夹在执行高管和下属之间，要在公司的高层和基层之间由上至下和由下至上传递彼此的要求。职能部门和业务部的领导者必须将自身部门的发展愿景和组织的发展愿景结合在一起。

一方面缺乏自主性，一方面要把关注点放在执行上，这通常促使领导者在组建关系网时纳入的是那些能"完成工作"的人。高级管理者没有时间和精力去犯错，所以他们认为自己不能冒险信任不熟悉的人。他们自然而然地会在身边招揽一群能可靠地做出回应并执行的人。但这样做存在真正的风险。在专注于执行的过程中，依靠自己了解的人，避免用自己不熟悉的人，可能会导致你忽略那些着眼于未来的、战略性的关系。那些战略性的关系（导师、顾问、战略性商业伙伴、职业发展教练等）是让你在高级管理者的位置上茁壮成长，并且能成功晋升至下一次层次所必需的。就算领导者意识到他们必须从战略层面去组建自己的关系网，他们也常常会感觉自己没有时间来这么做。他们可能在战略和执行这两个层面上左右为难。如果能像玛西亚一样，同时在这两个层面上进行努力，你也将能收获成功。玛西亚在组建自己的关系网时特意纳入了部分在过去的组织里和岗位上比自己高两个级别的人。玛西亚能够为那些关系网提供独有的贡献，因为她的背景和技能不同于那些高级管理者。她从那些高管处了解到他们对商业运营的领悟，这些观点是从其他地方无法获取到的。

只要有一到两个战略性的人脉就能推动你的成功。你必须定期评估自己的关系网，分析那些关系是战术性的还是战略性的（是重点满足当前需求的执行，还是更全面、更长期的需求），是即时性的还是长期的（是为了满足当前的需求还是为了满足长期需求），是浅交还是深交（是只了解特定方面的需求，还是了解你的所有需求）。培养并维护至少两到三段战略性的、长期的深交，这些人将能帮助你懂得并实现自己的商业和职业发展目标，同时也要培养那些战术性的、即时性的浅交。

有些方法可以帮助你建立与他人的战略性关系。

- **主动联系同职务的同事，与同级同事之间建立密切联系**。他们可能遇到了和你一样的问题，能大力协助你完成跨部门或跨职能的目标。
- **就商业建议进行请教**。学会依靠他人。向自身领域之外的专家请教，了解他们是如何看待你的工作的。了解管理类似项目或处理类似问题的其他人的看法。
- **寻求职业发展建议**。不要单打独斗。找教练、导师、人力资源顾问或其他人，他们可以在大局上为你提供建议，帮助你分析如何做好准备迎接可能出现的机会。
- **帮助他人建立联系**。为应该相互认识的人牵线搭桥，让他们知道对方拥有自己需要的信息、创意或见解。
- **将某位联系人举荐到你所在的组织**。这将帮助你与组织内的其他领域建立起联系。

- **加大向员工放权。**在他们开展这些工作的时候，你可能会需要进行指导和培养，但这是你晋升到更具战略性的级别所必需的。

执行高管：打破封闭和隔离

在从高级管理者升为执行高管时，你的世界将再次发生改变。高管需要承担巨大的责任和义务，必须为组织制定战略，管理各种利益相关者和受众。要想制定战略，高管们就必须力争得到组织支持和政治支持。与此同时，他们必须管理自己的公众形象和团队形象。创新领导力中心的研究发现，高管在组织内高效推动战略的能力与其就组织目标发表重要讲话时的形象密切相关。

高管们要努力获得支持，树立形象，还要努力使整个组织沿着战略方向前进。关系网对高管们的这种能力有着重要的影响。领导者在从高级管理者向执行高管发展的过程中会经历重要的变化：一是组织会在绩效方面施加巨大的压力；二是公众会时刻盯着领导者的个人形象。到这个级别，董事会、同级同事、直接下属和其他员工都会盯着你的一言一行。竞争对手也在寻找你压力过大、紧张不安和犹豫不决的迹象。这些执行层的高管必须时刻"在线"，分析自己的言行是否会被大家理解、被重新诠释或被歪曲。

在这些情况下，关系网的影响是可以被预料到的，所以巨大的压力和对形象的苛求会促使你只通过可靠的关系来开展工作。这些关系值得信赖，是你多年培养的结果，而且你知道他们是可靠的，也能为高管们提供一个缓冲区，扩大高管的影响范围。

在这种环境下，关系网建设的主要目标就是打破长期关系可能带来的封闭和隔离。执行高管通常都在自己的圈子里进行信息交流，而且他们会对自己分享的信息有所保留，并对信息进行加工。首席执行官与大众是隔离的，整个执行高管团队可能也是与大众隔离的。你是否需要培养战略性的、长期的且深入的新关系呢？随着领导级别发生变化，现有的关系是否和过去一样非常宝贵？除了思考这两个问题外，你最好观察分析一下整个高管队伍的关系网模式，以确定哪些关系现在能继续发挥作用，具有一定的价值，以及还缺失哪些关系。玛尔塔·格劳在一家跨国出版公司担任人力资源总监。她每年都会指导一到两名经验不足的领导者，将这些经验不足的领导者纳入自己的关系网中，由此了解到同级别的人无法提供的信息，也能够将自己所了解到的信息整合到她所负责的战略工作中。

以下策略可以帮助你打破封闭和隔离。

- **分析一下自己的形象**。哪些习惯和行为可能会导致你的孤立？你可以做出哪些改变来打破这种孤立？
- **利用自己的潜在关系网**。假设你投入到此前关系网的精力已经降至最低，但在这个过程中你采用了合适的方式，这种方式并没有损害你的关系网；而且人们现在愿意加强与你的联系，那么请寻找此前的各种人脉，分析哪些人脉可以重新得到恢复或加强。
- **花点时间去了解所在商业领域的某家初创企业**。获得未经过滤的信息，并能直接接触相关人员。
- **安排跨级别的会议，获取未经过滤的信息**。想办法与组织内各个级别的人员进行交流，在进行决策时参考他们的经验。
- **参加此前从未参加过的会议**。跨出当前的同事圈，拓展当前的信息源。

- **在地方或国家级活动上担任特邀发言人**。这些经历可以让你突破既有的模式，为你提供机会去建立新关系和了解新思想。
- **寻找构建个人关系网的助手**。借助员工在组织内外寻找有趣的新人，邀请他们参加简短的非正式会议。保持好奇心，去了解他们的世界，并且在发现自己感兴趣的内容后要继续跟进。
- **介绍互不相识的两位同级别高管认识**。利用自己的职位帮助他人结交重要的人脉。这种做法可以帮助你在组织内建立和加强自己的关系网。

社交女王现象

处于职业生涯中期的女性会试图打造自己的关系网，并加强与保荐人或导师的关系。在同她们进行交流时，我们会听到"社交女王"这个词语。这个词语通常是指组织内优秀的女性，这些女性如果能真正地去支持其他女性，就可以发挥大作用。但她们似乎会刻意地扮演绊脚石的角色。关于社交女王的这种说法是真的吗？如果是，为什么会存在这种现象呢？

我们的同事索菲娅·赵（Sophia Zhao）与其他研究人员合作，想要探究个中原因。他们研究的问题是："资深的女性领导者是否可能不愿意支持其他女性领导者？帮助其他女性领导者是否会让她们自己处于不利地位？"答案相当有趣。当同级别同事认为女性的作用只是为了增强团队的多元性时，这些女性的领导才能和绩效就会被上司低估；相反，如果男性的加入是为了增强团队的多元性，其上司会高看他的领导才能和绩效。该研究的第二部分发现，如果女性领导者倡导在条件相当的情况下优先聘用女性，以此来"使组织的种族和性别更加平衡"，那相较于倡导聘请男性候选人，这些女性领导者会被组织认为能力不足，绩效不高。但男性领导者并不会因为希望聘用女性候选人而陷入困境。

面对这种社交女王现象，身为女性能做什么？首先，你要清楚性别歧视是的的确确存在的。如果你看到某位女性正在扮演社交女王的角色，请和她谈谈支持其他女性的重要性，然后身体力行，为她提供支持。如果你就是那个社交女王，反思一下为什么自己可能会待其他女性不公。从你的关系网中寻求支持，成为女性的支持者，同时也成为自己的支持者。其次，在言语和行动上去倡导营造合适的环境，让男性和女性凭借自身实力得到公正对待。最后，支持组织内的多元化和包容性，让男性也以行动支持。不管是男性还是女性，都有责任制定政策，开展行动，并树立正确的思维模式，打造多元化和具有包容性的工作场所。

值得反思的问题

拿出你的笔记本，思考如何利用上面分享的方法来建立战略性的人脉，减少封闭和隔离。你可以从以下方面着手：

- 我应该加强和哪些同级同事之间的关系？谁可以帮助我接近关系网的不同组成部分？
- 我可以向哪些人咨询业务和职业发展问题？
- 我可以帮哪些人找份工作，或者帮助他们认识某个能帮上忙的人？

- 我可以从哪个地方切入新的领域,例如行业内的协会,或者是我此前从未参加过的社交活动?
- 我如何能在组织里比我低至少两个级别的人中获得知名度?

  与白人男性相比,女性和有色人种天生不喜欢积极地同导师、保荐人和关系网建立关系。我们希望本章能帮助大家改变这种情况,鼓励大家放手去打造自己的支持者网络。

CHAPTER FIVE
第 5 章

克服冒名顶替综合征

有时候我感觉这份工作超出了自身的能力范围,但的确要有那么一点害怕才行。如果你觉得某份工作太过轻而易举,那根本就没有挑战性。

竹内苏西

加州大学洛杉矶分校健康科学中心(UCLA Health Sciences)

首席人力资源官

思考一下
- 如何知道自己是否存在冒名顶替综合征?
- 克服冒名顶替综合征并创造成功的四个方法。

❝我就是个大骗子。""我根本不能胜任这份工作。""他们因为我而感到难过。""我不知道自己是怎么取得这些成绩的,我只是运气比较好。"你脑子里是不是有过这些想法?你是否会贬低自己的成就?你是否害怕有一天别人会发现这些真相,你的职业生涯会就此终结?你是否会因为感觉没有准备好,或者是害怕会犯错进而影响自己的职业生涯而拒绝某些机会?在第2章中,我们讨论了阻碍我们发展的有意识和无意识的心智模式。对我们中的部分人来说,那些心智模式导致我们不管如何努力工作,不管拥有多少证书,都认为自己有愧于所有的成就。不是只有你一个人这样。在研究中,在和指导对象的对话中,我们都曾遇到过一些出色的高管存在自我怀疑的问题,他们感觉自己像个骗子,内心深感不安,而且背负着一些消极的信念。所有这些都是冒名顶替综合征的标志性症状。我(波西亚)就曾深受冒名顶替综合征的影响。

对我而言,到上海担任公关高管算是职位上的大提升了。但从我到达上海的那一刻起,似乎一切都不对劲。上任第一周,新客户就告知我他们对公司不满,所以计划找别家合作。我必须有所行动,我不能在工作上失败。

所以我变得极度忙碌,夜以继日地工作,希望能留住客户,修复与客户之间的关系。我疯狂地加班,几乎不眠不休。我的饮食不再规律。我问自己:"我这是在干什么?人们在多久之前开始发现我根本不知道自己在干吗?我已经完全熄火了呀!"我告诉自己,我不适合那份工作,我当初就不应该接受那份工作。久而久之,我满脑子都是这种想法。

慢慢地,公司的客户数量有所上升,客户不再威胁要停止合作。

但就算那个时候，我仍然感觉压力大到让我窒息。我时常感到焦虑，体重下降，也开始脱发。一天晚上，公司首席 CEO 打电话找我。我当时深信他打电话就是为了开除我。大错特错！其实他打电话是为了表扬我，看我是否需要其他支持。那通电话本应该能缓解我的紧张情绪，可事实上却导致我在自我怀疑的深渊里继续往下坠。"老天，他们在纽约盯着我！"我心想，"现在我真的不能搞砸了。"

在当时，我根本不知道自己的那种情况就是冒名顶替综合征。多年后，我在 TEDx 发表演说《为什么成功人士感觉自己像骗子》（*Why a Successful Person Feels like a Fraud*），观众当时的反应让我颇感震惊。演讲结束后，很多人找到我，分享他们感觉自己像骗子的故事。

冒名顶替综合征最初是由保利娜·罗斯·克兰斯（Pauline Rose Clance）和苏珊娜·艾姆斯（Suzanne Imes）在 1978 年介绍冒名顶替现象时提出的。冒名顶替现象是指聪明且成功的职场人士感觉有愧于自己的成就，认为自己的成功是靠伪装才取得的。自"冒名顶替综合征"这个词被提出以来，人们对这种现象进行了全面的分析和记录。受冒名顶替综合征困扰的人会感到压力过大、恐惧和焦虑，缺乏自信心，而且害怕冒险。所有这些问题都会阻碍你去创造成功的职业生涯。

休·科尔来自金融行业，退休前曾担任 CEO，目前是一位高管教练。她表示，她这一生都受冒名顶替综合征的困扰。她还记得曾经站在 2500 人面前发表演说，其中部分听众在演说结束后找到她，对她的镇定和自信大加赞赏。但他们并没有看到，就在演说开始前三分钟的时候，她在厕所里感到非常不舒服！"我从来都不是自信满满的，我一直感觉自己是个冒牌货，"她说，"我觉得自己还不够好，我都不知道自己是怎么走到今天这一步的。"现在，休·科尔可以冷静地面对自己过去的感受。"从长远来看，那个问题可能促使我更加忠于自我，更加努力尝试，也更加全面地进行准备。"

休认识到自己存在冒名顶替综合征，但我们也发现，众多女性并没有意识到自己存在这个问题。对这些女性进行更加仔细的分析就能发现，她们具有很多共性：她们都是目标导向型，成就均超出预期。她们通常在职业生涯初期就取得了重要的成功。在职业生涯里，很多人都是"唯一"，比如唯一的女性或唯一的有色人种。她们认为外界在时刻盯着自己，对她们的要求要比对男性或白人同事高，尽管有时候这种想法并不客观。这个女性群体也可以创造成就，取得成功，但通常要付出更大的代价，这些女性感觉自己不配得到既有的晋升或地位。很显然，她们是通过一个一个岗位稳步往上走的，影响力和级别逐级得到提升，可她们常常感觉自己只要犯错就会失去这一切，就会让自己蒙羞，让人们觉得她们就是骗子。

这些女性也提到她们因为害怕失败而拒绝了一些职业发展机会。部分人承认她们是工作狂，管得非常细，甚至会为最小的任务过度准备，或者是一心追求完美以避免犯错。从这些女性身上我们懂得：突破舒适圈来挑战自我的意愿同突破当前角色和技能来获得发展的能力是直接成正比的。所以我们必须拥有卡罗尔·德韦克所说的发展型心智模式。如果你能容忍自己犯错，甚至是失败，那么你就能从中获得知识、能力和发展，推动自己进一步往前走。而如果你把自己困在舒适圈里，舒舒服服地过日子，就无法获得同等的发展动力。

冒名顶替综合征会破坏你的自信。自信来自对自身价值、自身独特的贡献和自身目标等有清楚的认识，来自懂得最终目标不是完美和不犯错，而是发展。命运掌握在自己的手中，职业发展的快慢是由你自己把握的，目标究竟能实现多少也完全取决于你自己。要克服冒名顶替综合征，接受这些概念就变得格外重要（本书前面的章节曾经建议大家要保持初心，坚持自己的追求，并且发挥能动性。这些都是对抗冒名顶替综合征的有力武器。如果你是跳过前面的章节直接从这里开始读起的，那建议你还是回头从前面的内容看起，那些内容值得一读）。

冒名顶替综合征的克星

我们采访了众多女性，其中多位在克服冒名顶替综合征方面的经验值得我们借鉴。阿比尔·阿尔哈比是沙特阿拉伯的核物理教授。她从未听说过冒名顶替综合征这个词。"跌倒后我会有更大的动力站起来，"她说，"失败和挑战都是推动我成功的力量。"苏珊娜·马林是西班牙某豪华酒店的总经理，她也从未遭受过冒名顶替综合征的困扰。"每个人都有其独特之处。在选择领导岗位或者是在力争领导岗位时，你必须充分展现最好的自己。我知道，很多人也可以到达我这个位置，也可以用他们的方式把工作做得相当出色。"

这些女性都相当自信，不屈不挠，而且对自己也有一定的认识，能够帮助她们远离冒名顶替综合征。你觉得自己也拥有这些特质吗？在你的生命中有谁看上去是相当自信的？请教一下他们，看他们是否曾经受过冒名顶替综合征的困扰。你可以从他们身上学到什么？

让自己放轻松

要克服冒名顶替综合征，你首先必须放轻松。要变成自己想要的样子，这需要一个过程，过程中允许自己出错。只有稍加冒险，你才能获得发展和提高。尝试越多，犯错的可能性就越大。事情就是这样的，不要太在乎成绩，要在乎成功的表面标志，在乎外在的奖励，或者是在乎他人的看法，这样你才能体会到人生的起起落落，才能实现自己的理想和目标。

我是否也存在冒名顶替综合征

在上文中我们曾经介绍了冒名顶替综合征的众多迹象。如果这些迹象是冒名顶替综合征的症状，那让我们来看看哪些感受和行为说明你也存在冒名顶替综合征。

- 如果你觉得每项任务都同等重要，每件事情风险都很大，那么就可能导致过度准备。
- 如果在你觉得自己会失败，或者不能100%确保自己了解要做的每件事情时，你会选择回避，那你可能在制止自己发挥才能或表述观点。
- 如果你害怕为自己去争取加薪、晋升或好的任务，那么你可能会相当低调。
- 在实施重要的项目时，如果你要等到最后一刻才着手工作，那拖延症可能也是冒名顶替综合征的一个迹象。
- 如果你在遇到挫折或失败后久久走不出来，这种抗逆力的缺乏可能也表示你存在冒名顶替综合征。

战胜冒名顶替综合征的四个方法

如果你在自己身上发现了上文中所提到的部分迹象,那也没关系,因为并不是只有你一个人这样,很多女性(包括我在内)会因为冒名顶替综合征的困扰而违背自身的利益,但你可以去战胜它。以下四种方法将可以帮你打胜仗。

以事实为准

当他人请你列举你最自豪的事情时,你是否难以清晰地介绍自己的种种成就?你是否认为自己的成就只是源于运气好,或者是外部力量所致?编制一份个人的成就清单,可以帮助你发现自己的优势,介绍自己的成就。为了能客观地看待自身的成就,想想你此前遇到了哪些挑战,完成了哪些任务,并且在本节的个人成就清单上记录下来。

个人成就清单

挑战/任务	日期	成就	成功驱动因素:帮助你取得成功的技巧/能力/个人素质

受冒名顶替综合征困扰的人通常会看轻自身的成就。他们将自身的成功归结于运气，是整个团队的功劳，或者是认为成功源于外部因素，与自身的才能无关。请客观看待自己的成功（这时个人成就清单就能派上用场了），你会发现成功并非偶然。你的这些成就存在特定的模式。如果你还不信，那再看看自己过去的绩效评估，或者看看最近的360度评估，当然，前提是公司会使用这些评估方法。翻翻办公桌最下面的那个抽屉，没准你把那些调查评估结果塞进去后马上就忘得一干二净了，你也许会惊奇地发现同事们在赞赏那些你所不屑的东西。你是否善于组建团队？你是否能化繁为简，变乱为治？你是否在极其艰难的情况下依然能激励他人？这些都是天赋！但我们中的很多人存在"消极偏见"的问题。消极偏见是指更加重视负面的经历，忽视正面的经历。消极偏见可以解释为什么我们会记得那些给我们带来创伤的经历，而且通常念念不忘。在对他人进行指导的过程中，我们发现男性能快速回答自己对什么在行，而女性则难以清晰地介绍自己的成就，为自己邀功，她们通常将太多重点放在失败上。我们注意到了这个问题，而且我们将在第10章中指出，众多文化要求年轻女孩谦虚、顺从和低调。如果女性主动站出来表明自己为什么非常出色，为什么应该选她，对有些男性（甚至是女性）来说那简直是在冒天下之大不韪。但你必须去克服这种情况。你就是自己最好的宣传员，所以站出来，为自己的成绩而骄傲。公司不是花钱让大家来奉承你的，把他们的话听进去，尤其是那些要求较高的人说的话。与其他人相比，他们不可能轻率地认可优秀的工作。

对消极信念进行质疑

冒名顶替综合征的根源通常在于对成功的原因、失败的后果以及自我价值的衡量标准等存在消极信念。成功（你自身对成功的定义）并不是基于血统或背景。当然有些人会在起跑线就处于领先，他们天生家庭环境优渥，他们因为肤色在所生活的文化里会被优待，他们因为人脉而可以轻松获得优质的教育资源。但我们也不是天生就注定是失败者。雷吉娜·哈特利（Regina Hartley）曾在 TED 发表过精彩的演讲，提出更应该聘请在生活中不断经历逆境的人，而不是那些拥有充裕机会的人。哈特利分享了她自己的故事。她出身贫寒，在家里五个孩子中排行第四，父亲患有严重的精神疾病，母亲不得不独自抚养所有的孩子。尽管困难重重，她还是坚持读完了大学，并且在人力资源领域拥有了一份成功的职业。哈特利有什么建议？成为"奋斗者"，即能够利用自身的艰难困苦来激发内心深处的激情和使命感。"尽管经历了艰难险阻，但最后还是成功了。"她说。哈特利故事中的"奋斗者"不会让自己局限于目光短浅的信念，你也不应该如此。

哪些因素可以带来成功？你是否对这个问题也抱有消极的信念呢？这些消极的信念是什么？下面这些话语是否听起来很耳熟？

- 我是家族中第一个大学生，我绝对不可能在那个行业得到一份工作。
- 公司从未有过女性执行高管，我绝对不可能升到那么高的位置。
- 公司从未有过那么高职位的有色人种，我绝对没机会去竞争那个职位。

消极的信念会阻止我们去满足内心深处真正的愿望。它们会阻碍我们进行必要的冒险，导致我们无法提升到下一个层次。但你不一定要这样做。阿普里尔·米勒·博伊斯（April Miller Boise）就没有任由消极的信念来阻碍自己。阿普里尔目前在一家多元化的跨国工业公司担任法律总顾问兼董事会秘书。她还记得自己当初进入法学院学习时的样子。当时她意识到不管自己中学和大学是在哪儿读的，事实上她都和法学院的同学们一样出色。

阿普里尔本科就读于大型的州立大学。从这家公立大学毕业后，她又进入了一家知名的法学院。她还记得法学院新生会拿到一本小册子，上面介绍了学生们来自哪里，本科就读于哪所学校。她注意到多数学生都是来自小型的私立大学，而且高中也是就读于小型的私立学校。"我记得有人说，'你读的是公立学校？'这句话的意思就是你怎么会到这里来读书的。"阿普里尔说。即使其他学生没有这么说，但他们说话的语气和脸上的表情也出卖了他们内心的想法。她还记得自己当时心想："我是读的公立学校，难道我要因为自己曾就读于公立学校就质疑自己吗？"（当然，她不知道其他学生是否也会怀疑自身的能力）

曾经就读于公立学校并不是让阿普里尔觉得自己是个异类的唯一原因，还有一个原因就是她是个美国黑人女性。她还记得在完成法学院第一年的学习后利用暑假时间第一次去律师事务所实习。当时一共有 40 位暑假实习生，其中大概有 6 位女性，少数族裔更少。她开始怀疑自己是否可以完成法学院的学习或律师事务所的实习。

阿普里尔事后发现自己当初的想法荒谬至极。"我现在回想当初的情况，会说'你过去太棒了！就算你没有其他所有人出色，你也是同样称职的'。但当你是其中的唯一一个，当你与众不同时，你总是会感觉自己是个例外。"现在，她是一位成功的企业法律顾问，职业生涯也已经达到巅峰。现在的阿普里尔发现，同那些私立学校毕业的同学相比，她拥有的东西一点儿也不少，甚至更多。当初的这段经历让她在后来的职业生涯里从未感到自己能力不足，这些经历鼓励她去创造自己的成就，对自己的知识和经验充满自信。她从未怯于争取机会，而是会勇敢地力争实现自己在事业上的雄心壮志。不管自己是否是唯一的女性或是唯一的有色人种，她都能自信地走进会议室，轻松地展现自身的技能和经验，为大家提供宝贵的意见和建议。

如果你怀疑消极的信念曾经阻碍你取得成功，那么花几分钟时间想想阿普里尔的故事：从公立大学到顶级的法学院，那里多数同学都来自精英云集的私立大学。她的内驱力、雄心壮志和职业道德（更不用提她身上的"公立大学标签"对她所起的促进作用了）促使她以全班拔尖的成绩毕业，在暑假实习活动中出类拔萃，在法学院毕业后获得了自己的第一份工作，而且创造了如今成功的职业生涯。

让我们再来看看第 3 章中介绍过的苏珊·塔达妮可。她曾经担任首席沟通官，后来自己创业，成为领导力教练。她非常乐于反思自己此前取得的成绩，正是这些成绩帮助她摆脱了消极的信念。成为公司高管是苏珊的梦想，可最初在得到这份理想的工作时，苏珊认为怎么看自己都不可能成为公司高管。她看了看公司的其他高管，觉得自己似乎还不够格。她有内驱力，但并没有去积极地管理自己的职业生涯，不过她一直在为得到执行高管的工作机会做着准备。她一心一意为那一刻做着准备，而当那一刻到来时，她竟然试图拒绝这个晋升机会。震惊吗？是的。意外吗？也不全是。经验告诉我们，冒名顶替综合征的作用力非常大，可能会导致人们的职业生涯脱轨。

苏珊清楚记得那件事情。她已经被调往伦敦，所在团队负责对其公司进行改造。过去 15 年里，她在大部分时间里都表示自己不想成为高管，但又希望能时刻准备着应对前方道路上即将出现的各种情况。一天，她应上司的要求前往华盛顿特区出差。"这次出差我什么都不知道，"她说，"我当时认为自己去她办公室是等着被开除的。我脑子里过了一遍所有可能出错的地方。"苏珊走进上司的办公室，上司从办公桌对面递给她一份新闻稿。苏珊边摇头边想，那或许是封辞退信，或者是离职条件。可事实上，那是一份通告，宣布她被提名为首席沟通官。这可是重大擢升。她感到一阵闹心，第一个念头就是"我还没有做好准备"。所以她对上司表示了感谢，称自己还没有做好准备，尚且缺乏胜任该职位的相关技能。她的上司感到难以置信。"你疯了吧？"她问道，"你开玩笑的吧？"当然，苏珊接受了这个升职机会。她说："现在回头来看，我都没法相信自己当时怎么会有那种想法。我当时觉得自己不能给高管队伍创造价值。我觉得自己不配得到晋升，我没有想过自己会是当高管的料，我觉得其他高管都更加能干，更加专业。但在担任高管一年之后，我意识到自己是可以做到的。"苏珊现在意识到消极的信念差点就葬送了她在自身领域内得到最高职位的机会。"我当时觉得要成为执行高管，就必须是另一个样子，拥有更多才能，"她说，"我觉得执行高管是截然不同的一类领导人。"苏珊承认自己最初的反应也是源于一定程度的恐惧。"我的确拥有相关技能，"她说，"或许我是害怕失败，因为这次晋升会让我暴露在所有人的面前。那个级别仅仅只有四位女性，而我是其中一个。四万名员工都在盯着这些女性的一举一动。"

发挥自身优势

存在冒名顶替综合征的人是他们自己最糟糕的批评者。他们通常会过于强调自身的缺点，贬低自己的优点。我们曾经看到大量的女性盯着360度评估调查中的负面评价，却完全忽视了前面那些正面反馈意见。当我们指出同事们给出的赞许时，她们会不以为然："是的，但你看看他们的那些批评意见！"

听起来和你很像？想想看：如果你自己都不知道自己对什么在行，别人又怎么能知道？如果你不去展现自身技能（我们稍后会继续探讨），为什么其他人要找你去完成颇具挑战性的、高回报的任务呢？如果你自己都不支持自己，谁还会来支持你？在职业生涯和个人生活中，总会有某些时候需要你去大力为自己宣传。你是否已经做好了准备，能清楚阐述为什么你是唯一能领导项目或担任新岗位的人？你是否能随时列举那些自己拥有而他人所没有的独特天赋和才能？

人们很难开口去谈论自身的卓越之处，我们过去也遇到过这个问题。社会对女性的要求是友爱和善、落落大方和谦虚低调。按照她们所受的教育，谦虚就是不要去谈论自己（没有人会喜欢自作聪明到处炫耀的人，对吧？）。但我们在这里要告诉大家，不要害怕去接受和展现自己出色的一面，在发现并展现自己的优势后，你就可以去施展自己独特的个人能力了。

贾布·戴顿就发挥了自身的实力。她是一位成功的人力资源顾问，为一些全球最成功的初创公司提供服务，其中包括爱彼迎（Airbnb）和跑腿兔（TaskRabbit）。但在她小时候，大家可能没发现她身上会有如此这般的潜能。她的父母从未告诉她，她存在诵读困难的问题。她是一个害羞的书呆子。现在，她认为正是那些特质让她特别容易走近工程师和不走常规路线的人。她喜欢甚至是偏爱那些不合常规的人。她并不在乎自己的交谈对象是否是谈吐优雅的哈佛大学毕业生。"我之所以能够欣赏那些所谓的不合群的人，是因为我自己就是这种人。我是黑人，第二代美国移民，是混血儿。我在西雅图长大，当时那里的社会并没有多元化。我早早地就感觉自己无法融进去，所以我坚持走自己的道路。"她说。

在贾布的身上我们可以看到，不合常规也是种优势。对她而言，必须让其他女性和非主流性别人士知道，她过去也无法融入社会。她身上有惹眼的文身，这是她的品牌之一，标志着她不是那种传统的人力资源专业人士。同贾布合作就意味着要采用不同的工作方式。"创业初期，当我在不同的初创公司进行面试时，我会穿着T恤和牛仔裤，就是想看看这样是否能应聘成功，"她说，"我像杰斯（Jay-Z）一样神气十足地走进公司，而这种方式在精英的初创公司相当有效。它给我创造了一定的名气，让我可以去利用。我树立了非典型人力资源顾问的品牌。"

贾布并不总是那样神气十足。在职业生涯初期，她认为其他人在人力资源领域的知识或技能都要比她强。她现在意识到，她在年轻时的确曾经试图让自己不要太强大。和很多女孩一样，在成长过程中，她被教导要漂漂亮亮，懂礼貌，有分寸。"强大的人根本不会去想这些东西，"她说，"我在个人能力增长的过程中懂得了这个道理。"

借鉴一下贾布的经历。你要如何把被自己视为不利的因素变成自身的优势呢？贾布是个诵读困难者，害羞，混血，而且在她的成长过程中，她所在的社区大部分人都是另一类人，导致她无法融入。但就算有种种麻烦，贾布还是打造了自己的品牌，培养了优秀的个人能力。她将那些不利因素转变成了一种资产，让自己可以走近硅谷的客户们。她懂得科技创业者的独特之处，并且利用这些知识结识客户，和他们建立深厚的联系。她正是靠着这种独特的方式取得了成功，塑造了自己的品牌。

第 5 章 克服冒名顶替综合征

谈谈冒名顶替综合征对你的影响

深受冒名顶替综合征困扰的人通常感觉无人能和他们感同身受。这点并不难理解，我们多数人都不喜欢向他人展示自己的脆弱。没有人想看上去显得很糟糕，或者是显得自己无法应对工作压力。我们为自身的能力而自豪，认为任何怀疑或不安的感觉都会让自己显得比较脆弱。这不对！谈谈自己的感受和经历，消化这些内容并生成自己的观点。在得知自己所认识和仰慕的人有着同样的感受时，深受冒名顶替综合征困扰的人常常深感震惊。我们曾为女性提供指导，与她们合作。这些经历也告诉我们，冒名顶替综合征不是顽症，你可以克服它。

我（珍妮弗）可以讲讲我自己的故事。我在读研究生的第一年里了解到了"冒名顶替综合征"这个词语。在研究生第一年必修的新生指导课上，我同弗兰克·兰迪（Frank Landy）博士一起合作。弗兰克·兰迪博士是学院里最资深的教师，也是该领域著名的领导者。任何在工业与组织心理学领域学习或工作过的人都会认识弗兰克，因为他写过多部该领域的著作，在领域内受人推崇，也因为深厚的专业知识而在众多法律诉讼案中作证。所以当弗兰克承认他也有冒名顶替综合征的问题时，你能想象得到我有多震惊。"我常常担心有人会说，他们给我颁发博士学位是个错误，我的作品根本没法去影响该领域的学生和其他人。"我记得他当时这样说道。那次交流让我永生难忘，它在我职业生涯的每个时期都会有不同的意义。我与其他人分享我自己的冒名顶替综合征的感受，希望他们能感到不那么孤独，不会感觉被孤立。

进入创新领导力中心工作时，招聘我的是一个副总裁。他手下需要人。我当时不是与众多候选人竞争某个公开岗位的，而是通过他人推荐获得了最初的面试机会,而且合同只是针对具体的项目。六个月后,我成为全职员工。和冒名顶替综合征有什么关系?我脑子里当时想到的就是:"我是走后门进来的,当时甚至都没有岗位给我。我并不像其他研究人员一样是经过遴选进来的。"这种想法经久不息。

我在工作中取得了卓越的成绩,但冒名顶替综合征还是伴随我多年,确切来说大概是20年。不过此后,为了争取到当前的这份工作,我经历了整个应聘流程。在那之前,我靠自身的实力、成绩和潜能获得了一次又一次的提拔,可仍然感觉自己是个冒牌货。直到我第一次经历了此前加入创新领导力中心时没有经历过的竞聘过程,那种感觉才消失。如果我的这段经历也让你心有戚戚焉,那么建议你学习本章中的部分经验教训,克服自身的冒名顶替综合征,学会发现他人对你的信任,充分相信自己,不要花20年的时间来让自己相信自己不是冒牌货!

通过反思来了解自身的冒名顶替综合征

本章的故事让我们看到,就连功成名就的人都可能会觉得自己是个冒牌货。冒名顶替综合征是实实在在存在的,但它并不一定会决定你是什么样子,或者破坏你的职业生涯。最重要的是你要去发现种种迹象和症状,懂得"一切都会过去"。在你尝试突破自我和挑战自我时,总会有某些时刻感觉自己就是个冒牌货,甚至这种感觉会持续较长时间。"我到底在干什么?我不属于这里!"不要想着逃跑,接受这种感受。弄清楚自己为什么会有这种感觉。我们从采访过的高管和指导过的女性身上懂得:你准备的情况要比自己想象的更充分。你比自己所想象的更有才能。在追求目标的道路上,面对新挑战和新工作方式时感到害怕，感到能力不足，这是正常现象。相信自己，相信你此前所做的努力将会派上用场，相信自己已经做好准备迎接那一切。现在，拿出你的笔记本，想想下面这些问题。

也许你是本科或研究生在读，也许你是家族中的第一个大学生，也许你出身贫寒，或者来自单亲家庭，也许你是第二代移民，这些情况多种多样，这些与众不同的生活经历会给你带来哪些他人所没有的感悟呢？它们是否会让你更加坚韧不拔？更加顽强？能够在环顾四周时就洞悉一切？当你注意到消极信念在慢慢侵蚀自己的思想，影响自己的行动和选择时，想想那些经验教训。

如果你此前没有做过这些练习，那么就请记录下你的消极信念，然后再回过头去看看此前列举的个人成就清单。问问自己以下的这些问题：

- 我此前的成绩是如何帮助我克服那些消极信念的？
- 回看我的职业生涯，什么时候我最觉得自己是个冒牌货？那段时间给了我什么样的经验教训，可以在现在或未来加以借鉴？我能如何将冒牌货的这种感觉转变成自身的优势？
- 现在是否还有消极的信念在阻碍我进步？我能从本章中吸取到哪些经验教训来帮助我消除那些消极信念？
- 关于我的优势、成绩和潜能，我可以相信谁的话？我要如何请他们对我进行忠实的评估？

CHAPTER SIX

第 6 章

拥有健康的体魄

积极进行锻炼,这点非常重要。保持健康,拥有能跑马拉松的身体素质。

乔安娜·索荷维奇(JoAnna Sohovich)
盛柏林集团(Chamberlain Group)CEO

思考一下

- 如何化解压力,拥有良好的睡眠?
- 睡眠不足的影响。
- 起床程序和睡前程序的重要性。
- 培养抗逆力的方法。

为了撰写本书，我们采访了多位高管，他们都相当注重自身的健康状态。他们并非从一开始就如此，很多人是在遇到了人生的重要转折点后才开始检讨自己的生活方式和习惯的。有时候可能是个人健康出现大问题，但通常是配偶或父母患病，让他们开始反思自己的健康情况。有些人随着孩子慢慢长大，不再需要花太多时间在孩子身上，也就有了更多精力来关注自己的问题。还有些人仍然处在从明白健康很重要到采取实际行动的转变过程之中。

在筹划本书时，我们心里都明白，应该有一个章节来讨论健康问题，但我们并不想用传统的方式告诉大家要注意饮食、加强锻炼。大家早就知道这些东西。我们希望将健康作为设计理想人生和提高寿命的战略决策。

在《新领导力素养》（*The New Leadership Literacies*）一书中，未来研究所（Institute for the Future）的鲍勃·约翰森（Bob Johansen）写道：

> 精力管理的工具相比过去已经大为改进，而且在未来10年里会有更长足的发展。领导者现在没有了任何借口。健康将成为进入最高领导层的敲门砖。

我们采访过的众多女性早就懂得了约翰森的这个观点。她们几乎所有人都谈到了自己是如何认真考虑和选择生活方式的。并非所有采访对象都是硬核的运动员或营养学迷，但她们都曾认真思考过哪些运动能够给自己带来活力，让自己更加精力充沛。她们懂得要去倾听和爱护自己的身体，让自己拥有充沛的精力和持久的专注力，而且能长寿。

第 6 章
拥有健康的体魄

我们无法从采访中发现任何健康的神奇公式。但我们也的确发现，大量的运动加上合理的膳食将大有裨益。例如，大学校长罗莎莉告诉我们，从 20 岁到 40 岁刚出头这段时间里，她觉得自己的身体一直相当健康。但此后，她发现自己必须有所改变。"主要是体重问题，还有要吃得更健康，要进行锻炼。我要在生活中匀出一些精力来做这些事情。"她说。这些女性高管有时候会去找专业人士进行咨询，例如，健身私教、营养学家和理疗师。有时候她们会自行研究，进行各种尝试，直到找到感觉合适的方法（毕竟我们这里讨论的是一些目标导向型的女性，她们都非常积极上进）。这个群体会认真地倾听身体的声音，了解身体的感受。当自己吃不好、睡不好，或者是压力爆棚时，她们都会有所感受。她们会加以调整，让自己保持一种平衡和健康的状态。

健康对女性来说是个复杂的难题。我们很多人都已经为人母，要照顾孩子，有时候还要照顾年迈的父母。随着年龄的增长，身体的新陈代谢在发生着变化，激素水平也在改变。不管是我们的访谈还是创新领导力中心的调查研究，其女性对象都是成功人士，工作对她们的要求很高。尽管工作压力已经让人备感沉重，我们通常还要处理家里的很多事情，我们在家中扮演的就是首席运营官的角色。LeanIn.org 和麦肯锡公司（McKinsey & Company）在 2017 年发布了《职场女性》（*Women in the Workplace*）报告。该报告指出，女性仍然承担了大部分的家务。或许你也深有同感。该报告还发现，54% 的女性需要承担所有或绝大部分的家务，而这样做的男性仅有 22%。报告还发现：

> 当家庭里有了孩子后，这个差距会拉大。女性在结婚和有孩子后，承担全部或多数家务的可能性要比男性高 5.5 倍。甚至当女性是家庭的主要收入来源时，她们承担的家务也超过男性。

在该报告的内容中，最令我们惊讶的莫过于就算女性是家庭的主要收入来源，或者是在企业/组织内担任高管，她们仍然要承担过高比例的家务劳动！该报告推断，因为女性高管（57%）的家中通常夫妻双方都有工作，所以无法享受配偶全职在家的福利。该研究的数据显示，这种情况不仅会影响女性的身体健康，而且会拉低她们在职场的志向。读完这些内容是不是让你感到更有压力？不过，有我们来帮你。好消息就是，你可以采取多个步骤更好地管理自己的各项重要责任，让自己拥有健康的体魄。

树立正确的思想

莎伦·麦克道尔-拉森（Sharon McDowell-Larsen）针对数千名高管进行了调查研究，并撰文强调睡眠、适当的营养和锻炼对身体健康和大脑健康都相当重要。在其文章《关心和滋养我们的大脑》(*The Care and Feeding of the Leader's Brain*)中，她指出可以从四个方面来提升我们的大脑健康：睡眠（我们的最爱）、锻炼（她称为"灵丹妙药"）、滋养你的大脑以及对抗压力。

但当工作繁忙时，我们怎样才能有时间来吃好睡好、坚持锻炼呢？我们该如何通过切实可行且能持续的方式来处理这个棘手问题呢？我们将会在本章探讨部分解决方案，并且在后续章节继续讨论这个"大后方"管理的重要问题。

坚持锻炼

如果你定期锻炼，那你肯定了解锻炼的好处。定期锻炼可以在很大程度上影响情绪，包括缓解沮丧和焦虑，让人变得更加乐观。锻炼同样也能影响大脑功能。定期锻炼还可以推动小脑和运动皮层的血管新生。

这些新血管可以滋养大脑，推动氧气和营养物的输送，大脑由此可以清除废物和毒素。哪些因素会导致痴呆、阿尔茨海默病和其他脑疾病呢？这方面的数据越来越多，锻炼和大脑健康之间的联系也就变得越来越清晰。

尽管我们的女性采访对象都相当忙碌，时间不够用（我们大家不都是这样的吗），但她们都很看重成就，有强烈的求知欲，而且迫切希望分享她们取得成功的方法，以及她们希望自己在职业生涯初期就能懂得的一些道理。从在美国海军学院工作时起，美国制造公司 CEO 乔安娜·索荷维奇就开始坚持健身，并且把它当作一项终生爱好。美国海军学院 97% 的新生都是大学校队运动员。

那么乔安娜是怎么做的呢？真的很简单，但就算是简单的锻炼方法也需要自律。"我每天晚上 9 点上床睡觉，这样早上就可以早起，在 5 点开始锻炼。年轻时，我可以睡得很少，但现在不行了。"她说。你注意到她上床的时间了吗？我们也注意到了。事实上，众多高管将她们出色的脑力归功于充足的睡眠，这点让我们惊诧不已。

聊聊睡眠程序

我们从来没有想过睡眠有一天会发展成为一项关于生活方式的运动。领导人喜欢吹嘘自己每天只需要很短的睡眠时间，而且这成为一种潮流。当传媒巨头阿里安娜·赫芬顿（Arianna Huffington）等公众人物极力反对这股潮流时，我们仍然颇感震惊。在 2010 年的 TED 女性演讲中，赫芬顿回忆了自己生命中的决定性时刻。一天，在办公室里争分夺秒地应付马拉松式的工作时，她因为精疲力竭而晕厥，头砸到了办公桌上，颧骨骨折。此后，她开始认认真真地彻底改变自己的生活，并且在她所称的"新女权主义革命"中更大范围地分享了自己的教训。她对把睡眠不足视为男子气概的观点大加批判。她认为如果雷曼兄弟（Lehman Brothers）等公司背后的领导者能有更多的睡眠时间，而不是保持时刻在线，或许金融危机就可以避免。在称赞了睡眠的种种好处之后，她宣称女性将"通过充足的睡眠来走向组织的顶层"，成为拥有（充足休息和）清醒头脑的领导者。

事实证明，赫芬顿在睡眠思想上领先于其所处的时代。美国国家睡眠基金会（The National Sleep Foundation，NSF）建议 24~64 岁的成年人每晚睡眠时间达到 7~9 小时。但创新领导力中心最近的研究显示，领导者表示他们的睡眠时间是平均每天 6.63 个小时。在这些领导者中，31% 的人称他们有入睡困难的问题。受调查的领导者表示，他们需要 7.52 个小时的睡眠才能感觉自己休息好了。但其中仅有 14% 的被调查者称他们每天的睡眠时间达到或超过八个小时，44% 的睡眠时间为七个小时，32% 的为六个小时，还有不到 10% 的人睡眠时间不足五个小时。

在创新领导力中心的调查中，近 1/4 的领导者表示，思考工作问题导致他们晚上休息不好。调查还发现，睡眠与性别存在一定的关联。女性通常会因为生活或工作上的事情而影响睡眠。本次研究也毫不意外地发现，女性睡眠不足的情况更为严重，缺少大概 68 分钟，这意味着女性感觉自己更缺觉。

这些发现并不让人感到惊讶。职场母亲研究所（Working Mother Research Institute）在 2015 年针对 1000 多个双职工家庭进行了调查。对众多职场母亲而言，调查结果是她们早就认清的现实：她们要做全能人，其中包括预约看医生的时间，帮孩子们约朋友玩，购买生日礼物，准备午餐便当，更不用说处理各种家务了。关键是女性下班后在家还要"继续加班干活"，尽管这个数字在慢慢下降。从这些来说就不难理解为什么女性表示她们睡眠不足了。

睡眠的好处是显而易见的。睡眠有利于记忆和认知。越来越多的证据显示，睡眠可以清除大脑内的毒素，比如与阿尔茨海默病有关的毒素。充足的睡眠还有助于提高决策质量和提升创造力，这点并不让人意外。高质量的睡眠有助于长寿和身体健康，这点可能也不会让你觉得奇怪。所以怎样才能得到自己所需的睡眠呢？这种睡眠不仅时间要充足，而且要能让你完全恢复元气。我们从科学研究中发现了一些有用的知识，这些知识在我们的女性采访对象身上也得到了验证。

满足自身的睡眠需求

试试下面这些方法。有些方法可能会奏效，有些可能不行。受访者们的经验告诉我们，要不断尝试，直到找到适合自己身体和自身生活方式的方法。

将卧室作为自己的避难所。很多睡眠专家建议将卧室仅仅作为睡觉和享受鱼水之欢的场所。但对众多女性而言（男性也是如此），卧室就是另一个办公室。如果你有孩子，或许会发现卧室俨然已经成为家庭活动室，到处是玩具和游戏用品。坚持只把卧室作为睡觉和享受亲密关系的地方。当睡眠成为一种流行的生活方式，豪华的卧室装修也变得同样流行。想把卧室变成自己每个晚上都待着不想走的地方，其实并不需要进行像《建筑文摘》(*Architectural Digest*) 里那种级别的彻底翻修。清理一下你的睡衣，花钱购买高质量的遮光百叶窗和窗帘。高质量的床垫也是必需品，而且多数床垫在 10 年寿命期之后仍然可以使用。确保你的床垫是支撑性床垫，不会让你睡觉时辗转难眠。床垫上面再铺上高针数的床单，漂亮的羽绒被，或者是天然纤维的被子。不管你喜欢羽绒枕还是纤维枕，确保枕头在你睡觉时能够给你的头部和颈部提供足够的支撑。最后一点也相当重要，那就是将电视机挪出卧室！确保卧室里面宁静安谧，一进去就让你感觉是时候休息一下，放松自己，一天的忙碌就此结束。

制定具体的上床时间。我们采访的众多女性曾经都是夜猫子。广告业高管塞尔玛·米尔（Selma Miele）如是说："我发现随着年龄增长，熬夜已经让人吃不消了。我必须早早上床睡觉，这样第二天才有精神。"上床时间可以从晚上 9 点到午夜时分。受访者普遍表示，晚上 10 点是上床睡觉的最佳时间点。

放下所有电子产品。我们知道，在这个超级关联的世界里，这点说起来容易做起来难，我们也懂这个道理。要想摆脱手机和电视机是非常难的。不管是在工作还是在休息时，我们都会用到这些设备。比如躺在床上心不在焉地翻看手机或更换电视频道。用睡前的那一个小时读读纸质书，或者写写日记，通常可以让你的大脑得到放松，为入睡做好准备。

选择昏暗凉爽的房间睡觉。美国国家睡眠基金会的数据显示，最理想的睡眠温度是 18 ℃左右。减少房间里面的蓝光，包括手机、闹钟、录像机和其他电子产品。时间慢慢过去，视网膜的细胞会感受到光亮慢慢减弱，启动大脑产生褪黑素，褪黑素会降低身体温度，让人的警觉系统慢慢地减弱，进入睡眠。身边的电视和其他电子产品则会产生蓝光，打断这个过程，扰乱你的自然睡眠过程。

利用白噪声。出差时，我们会喜欢上酒店房间里的安睡机（安睡机不再只是给宝宝使用），它们能隔绝奇怪的声音或打破让人感到不安的寂静。考虑在自己的卧室也添置一台吧。如果你觉得安睡机会打扰到你，那么就换成吊扇或加湿器。你只是需要足够多柔和的声音来过滤掉那些影响睡眠的乱七八糟的声音。

饮食有度。了解哪些食品和酒水会影响你的睡眠。睡眠专家认为每天太晚摄入咖啡因会影响睡眠。但如果每晚来杯葡萄酒呢？它最初可能会让你感觉昏昏欲睡，但也同样会使你无法保持深度睡眠。睡前避免食用油腻的、难以消化的或辛辣的食物。对经常出差的人来说，坚持合理饮食可能会比较难。我们所采访的高管都表示他们在出差时会严格控制自己的饮食，主要是用健康的蛋白质和蔬菜来取代难以消化的食物，而且在工作日里完全不饮酒，或者至少会限制饮酒。美国制造公司 CEO 乔安娜常常在出差时随身带着蛋白棒。她在出差期间经常要出席商务宴会，但她会尽量吃得清淡。我（波西亚）在出差时会上网搜索自己计划去吃饭的餐厅的菜单，提前选择自己要吃的东西，避免自己到餐厅后经受不住诱惑去选择低质量的食物。

坚持一定的睡前程序。如果你有孩子，那你肯定知道让他们拥有固定的睡前程序是多么重要。或许你每晚会先给他们洗个澡，然后再给他们读个故事。或许你会在熄灯前和他们一起在被窝里依偎一小会儿。每晚坚持这个程序，确保孩子们知道当这套程序开始时就代表是时候睡觉了。这个方法对成年人同样有用。尝试洗个热水澡或泡个澡，让自己放松下来。丽芙·桑托斯（Liv Santos）会写下第二天重点要办的事情，让自己的大脑放空，准备休息。很多人还会在睡前读读小说。事实上，一位高管笑着指出，她要花至少几周，甚至是几个月才能读完一本书，因为常常看着看着就睡着了。

关于起床程序

我们对女性采访对象的睡眠习惯非常感兴趣，也同样好奇她们早上的起床程序。她们醒来后干的第一件事情是什么？第二件事情是什么？她们每天会如何做好准备，让自己保持高效？当然，我们也想知道针对高绩效人士起床程序的研究有何发现。

我们所采访过的女性起床程序各有不同，但她们几乎都有一个共同点，那就是她们早上起床后第一件事是锻炼身体。

同睡眠一样，对起床程序的重视也是新闻和社交媒体上的流行关注点。互联网上充斥着各种如何开启每一天的建议。粗略地浏览一下我们最喜欢的社交媒体网站之一——Pinterest，你会发现关于起床程序的建议帖子超过 100 份。浏览一下博客或健康卫生网站，你也可以找到一些似乎挺适合自己的建议。我们建议大家坚持适合自己的方式，所以首先要在众多方法中找到一个并加以尝试，看是否适合自己（每周尝试一种方法，然后再增加或更换成另一种方式）。

早起。效率最高的专业人士会在早上 6 点之前起床，很多人甚至是在 4:30 或 5 点起床，确保自己有时间去锻炼身体，省得白天因为其他事情而改变计划。

别碰手机。醒来后立马就想拿起手机，刷新一下自己的电子邮件？千万别这样。我们采访过的高管几乎都认为，如果醒来后第一件事情就是查看和回复电子邮件，那整个早上的计划都会被破坏。所以除非必要，他们会坚决不碰手机。

动起来。对我们的女性采访对象而言，锻炼是最受人喜欢的运动。她们表示，晨练对她们的身体健康、专注力和生产力来说至关重要。一般来说，在一周的大部分时间里，她们会坚持每天至少锻炼45分钟。

通过冥想来集中精神。我们惊喜地发现，所采访的高管们都会在起床后进行冥想、反思或记日记等正念训练。

感恩。每天早晨起床后要进行感恩。感恩什么呢？朋友？忠心耿耿的狗狗？家人的健康？感恩无关宗教信仰。让自己拥有一颗感恩的心，那么一整天都会拥有源源不断的动力。

明确自己的目标。印度教典籍《奥义书》说："自我就是内心的无限追求。你的追求决定你的目标，你的目标决定你的行为，你的行为决定你的命运。"

很多时候，我们将过多精力放在自己不会去做或者不希望发生的事情上。试着在30天的时间里，把注意力放在当天的目标上。可以是一件很简单的事，比如不要乱吃零食或倾听时不要三心二意。

坚持记日记。坚持记日记能让你跻身本杰明·富兰克林（Benjamin Franklin）、乔治·卢卡斯（George Lucas）、巴拉克·奥巴马（Barack Obama）和奥普拉·温弗瑞（Oprah Winfrey）等名人之列。记日记已经成为企业高管们每天起床后缓解压力、理清思绪、寻找创造力和纾解自身情绪的流行方式。在针对本章内容进行研究时，我们惊讶地发现，这个练习相对而言比较简单，却能有力地改变人们的思想和态度。记日记是一个能让人放下很多事情的好方法。作家、艺术家茱莉亚·卡梅隆（Julia Cameron）所说的"晨间笔记"也是如此。卡梅隆认为不满、愤怒和孩子气的情绪会影响我们的思维，破坏我们的潜意识，阻碍我们的创造力。如果能在纸张上发泄这些情绪，我们就可以释放自己，让具有创造力的自我显现出来。卡梅隆是在30多年前提出关于晨间笔记的建议的。在这个高度联结的狂热世界里，如果希望拥有平和的内心，这个建议仍然相当有效。

跨国出版公司人力资源总监玛尔塔·格劳向我们介绍了她的起床程序。"我早上早早起床，然后自己待一个小时。我会写写东西，想想白天要做的事情，喝杯咖啡。我每天会在笔记上随便写写让自己开心和担心的事情，这让我感到非常放松。"

关于起床程序，还有最后一点要说。你可能已经注意到，我们压根没有提早餐的事情。我们采访的领导者中有很多人会吃早餐，但也有很多人不吃。有些人更喜欢等到快吃午餐时再吃当天的第一顿饭。一位领导者在采访时表示，他信奉轻断食法（intermittent fasting，IF），也就是每天部分时间断食，部分时间不断食，借此来减肥和保持精力。早餐被称为一天内最重要的一顿饭，但关于早餐最好是吃还是等等再吃依然存在争论。

夜猫子

在讨论起床程序时，我们给出的建议是早起。或许你会在想："不，那不适合我。"有少数人天生就是夜猫子，你或许就是其中一个。

我们讨论的夜猫子不是那些为了赶项目进度而不得不熬夜的人。有些人天生就睡觉晚，我们知道有这种人的存在。午夜时分，我们睡得正香的时候，正是他们工作得最起劲的时候。有时候他们只需要小睡一会儿，就可以早起，或者他们会选择一些特定职业，比如工程师、设计师和传媒界人士，这些工作可以让他们根据自身的需求来安排时间，完成自己的工作。

《快公司》(Fast Company)刊物曾经刊发一篇文章《猫头鹰如何在早起的鸟儿世界里成长》(How to Thrive as a Night Owl in a World of Early Birds)，文中提出的建议我们非常赞同。这篇文章提出了众多简练的建议，其中包括如果通勤时间长，迫使你不得不早起，那么可以申请采用弹性工作制，每周有一到两天在家办公，或者是调整上班时间。

我们提出了种种建议，但请按照最适合你的方式来。如果你是个夜猫子，每天只需要5~6个小时的睡眠，那就遵循自己的生活习惯来。我们鼓励大家要倾听自己身体的声音，觉得累了就去睡觉。在睡觉时，请采用我们所讨论的那些睡眠小技巧，以获得最好的睡眠质量。

停止节食，力争长寿

除夜猫子之外，如果说我们中有很多人存在睡眠不足的问题，那么会有更多的人的饮食习惯比普通大一新生还要糟糕。我们喝太多的咖啡，吃太多的加工食品，摄入过多的糖和碳水化合物。结果呢？我们觉得自己反应变得迟钝。每天较晚的时候，我们的大脑就变得不是很清醒，我们迫切想吃东西，希望用碳水化合物来控制自己的食欲，可又总是适得其反。我们很容易时不时地进行节食，有时会成功，但最终结果却是功亏一篑，甚至还会反弹。

创新领导力中心针对高管层的巅峰领导力（Leadership at the Peak）研究项目有一个章节是专门讨论健康问题的。在该项目开始时，高管们接受了全面的健康评估，包括血液检查、家族健康史，以及对生活方式风险因素的简要分析。我们中的众多人的想法很好（我们肯定是这样），但我们也知道，很多人在深奥难懂的饮食安排和复杂的锻炼方式上很谨慎。我们这些女性都非常忙碌，需要切实可行的方法来帮助我们吃得更健康，让我们的头脑保持清醒，让我们感到幸福，也让我们有精力去处理对自己来说最重要的事情。关于食物，医生建议我们应该多食用植物性食物，例如，绿叶蔬菜、水果、坚果和豆类。我们采访过的阿比尔有她自己的看法："食物是上帝给我们的恩赐。我没有太多时间去享受，所以当吃到好东西时，我会细细品味。"尽情享受我们的快乐，这是个非常重要的话题。

基本要求

一周内力争在大部分时间里都进行锻炼。采取哪种锻炼方式并不重要，关键在于要动起来，即使每天只有 10 分钟也可以。给自己制定一个小目标，能站着就不坐着。试试可以站立使用的办公桌。佩戴一个生物测量仪器，可以持续地反馈你的锻炼情况。争取均衡饮食，多吃新鲜蔬菜、水果、坚果。经营好你和他人的关系，融入身边的社区，以此来减少压力。

蓝色地带项目（Blue Zone）为这些建议提供了强有力的证据。你或许曾经听说过蓝色地带。蓝色地带是指世界上百岁老人集中的地方，包括日本的冲绳县、哥斯达黎加尼科亚半岛、意大利撒丁岛巴尔巴贾地区、希腊伊卡里亚岛以及加利福尼亚州洛马林达。"蓝色地带"这个词语最初由詹尼·佩斯（Gianni Pes）和米歇尔·普兰（Michel Poulain）两位人口统计学家提出，他们对身体健康的百岁老人集中的地区进行了研究。《国家地理》（National Geographic）杂志专栏作家丹·比特纳（Dan Buettner）在这个研究的基础上撰写了畅销书籍《蓝色地带》（Blue Zones）和《蓝色地带的秘诀》（Blue Zone Solution）。研究人员对这些蓝色地带进行了研究分析，希望能挖掘这些地区的人们比世界其他地方的人长寿的原因。在这些地区，心脏病、阿尔茨海默病和糖尿病的患病率低得惊人。他们是怎么做到的？研究人员发现，这些地区长寿的秘密就在于每天进行锻炼、以植物类为主的饮食、和睦的关系以及时不时会喝杯葡萄酒（我们也想）。

我们喜欢关于蓝色地带的研究，因为它关注的是长寿，是相当可行且全面的健康生活方式。如果你对该内容非常好奇，希望有更多的了解，网上有大量的资料可供参考。

培养抗逆力

在谈到健康和绩效时，我们的女性采访对象除了强调睡眠、起床程序、合理的饮食习惯和定期锻炼之外，还着重提到了另一点，那就是抗逆力。什么是抗逆力？创新领导力中心认为，抗逆力是指应对变化和生活压力的能力，是在逆境中站起来的能力。

生活本来就难以预测，我们在工作中总会有遇到难题的时候。面对逆境，我们该如何提升自己的抗逆力呢？黛安娜·库都（Diane Coutu）表示，坚强的领导者具有三大特征：对现实清晰的认知、对人生价值观坚定的信念，以及随机应变的能力。只要具备其中一到两项素质，在面对困难时你就可以重新站起来。但只有同时拥有这三项素质，才算是具有真正的抗逆力。

我（波西亚）有段惨痛的经历深刻说明了抗逆力的重要性。40岁时，我的第一个儿子吉迪恩出生，一年后我和丈夫决定再生一个。而这也导致了两年时间的继发性不孕症，整个经历就像坐过山车般起起伏伏。怀孕相对而言比较容易，保胎却很难。每次大概六到八周的时间就会流产。在痛失一位家人之后，紧跟着我又经历了一次流产。

我有一位朋友，她的父亲在她10岁刚出头时自杀身亡。在她的建议下，我开始寻求专业帮助。我不太喜欢表现出自己脆弱的一面，但还是和关系亲密的同事和家人分享了自己所经历的那些事情。在心理咨询师和身边人的支持下，无助的感觉开始慢慢得到化解，我慢慢变得对未来更加乐观。而且让我惊奇的是，我在个人生活中所习得的抗逆力也影响了我的工作，让我能更有效地管理压力。

要培养抗逆力，并不一定必须有悲惨的经历。在《轻松工作》（*Work Without Stress*）一书中，德里克·罗杰（Derek Roger）和尼克·皮特里（Nick Petrie）分析了压力的来源，并介绍了培养抗逆力的方法。

打败压力的关键是什么？罗杰和皮特里认为关键在于停止反复思考，反复思考会让我们感到内疚。思来又想去，问题却依然没能解决。反复思考会导致我们的肾上腺素和皮质醇增多，这两者都与身体面对胁迫时自动做出"战斗或逃跑"的反应有关。长时间的反复思考会损坏免疫系统，促使炎症加重，同时也会导致我们精神不集中、思维不清晰，生产力随之降低。

罗杰和皮特里列出了提升抗逆力的四个步骤。这四个步骤与正念的概念不谋而合。

1. **保持清醒**。留意身边的情况，全天候观察自己的行为。多长时间会出现头昏脑涨的情况？尽可能保持自己的注意力。
2. **控制自己的注意力**。时刻保持清醒，尝试控制自己的注意力。要做到这一点需要时间，但只要不断练习，你的注意力就能集中更长时间。
3. **客观理性**。学会客观地看待事物。人们在反复思考时常常会纠结于他们所无法控制的一些东西。学会不要为小事而烦恼，少担心那些自身控制范围之外的事情。
4. **适时放手**。学会不要盯着无关紧要的事情，将注意力放在全局上。当你发现自己"陷入某些事情中"时，想想看："这件事情对我而言为什么很重要？我是否没有必要也没有理由去操心这件事情？"

想知道自身抗逆力存在哪些问题，请完成本章末尾简短的练习。

女性有众多重要的事情需要同时处理，总是感觉时间不够用。我们中的多数人都清楚自己必须做哪些事情，但难以抽出时间去做。总是有其他的事情挤占了我们的时间，导致我们没时间去好好照顾自己。如果你读到本章时发现自己在本文列出的多个方面都做得不错，那恭喜了！继续坚持。如果你和我们中的多数人一样，发现自己需要更多的睡眠时间，需要加强锻炼，或者只是需要在饮食上更加自律一点，那也不要担心，因为我们都一样。我们可以先在自己最需要帮助、最能坚持的领域慢慢来进行改变。我保证，你会喜欢最终的成果的。

最后一点，希瑟·班克斯在工作繁忙的同时依然注重自身的健康状况，她的方法我们深表赞同。希瑟生活在美国大西洋中部地区，是一位首席人力资源官。她努力让自己做到身心合一。她是个职场妈妈，有两个学龄期的孩子。她会积极地满足自己身体的需求。除了坚持定期锻炼和注意饮食外，她也同样关注自己的精神生活。她说："我一直在努力思考我要怎么样做自己。我正在做什么样的选择？我会有计划性地工作生活，还是需要被动地应对当前的情况？"她的自律来之不易，其中包括定期进行足疗和按摩。而她的信仰尤为重要，她是一名虔诚的天主教徒，也把孩子们培养成了天主教徒。"信仰犹如灯塔。信仰是我的根基所在，让我能进行反思，让我拥有自己的圈子。"也让她变得坚韧不拔，获得平衡感。

你的健康状况怎么样

在本章中，我们分析了可以提升你的整体健康的好方法。花点时间回答下面的问题，分析一下自身的健康情况。拿出你的笔记本，写下你的答案。

- 我对现在的睡眠质量满意吗？我每天可以通过哪件事情来改善自己的睡眠质量？
- 我的起床程序是否让我整天精神满满？我可以改变起床程序中的哪一个小点，让自己更加精神？
- 坦率来说，我对自身的身体素质和饮食做何评价？
- 明天我可以通过改变哪一点来让自身的健康水平得到更大提升？

利用笔记本将你的大目标和小目标记下来，让自己走上更加健康的道路。

测测你的抗逆力

请选择是或否来回答下列问题：

1. 我伤心时通常要很长的时间才能走出来。　　　　　　　是　否
2. 在负面事件或让人备感压力的事情发生很久之后，它们依然会在我脑子里重演。　　　　　　　　　　　　　　是　否
3. 我很容易分心，很难长时间地专注于一件事情。　　　是　否
4. 我有时候很难客观地去看待事物。　　　　　　　　　是　否
5. 我会担心很多自己无法控制的事情。　　　　　　　　是　否
6. 每周大部分时间里我都很难抽出时间进行锻炼。　　　是　否
7. 每周大部分时间里我都很难坚持健康饮食。　　　　　是　否
8. 我很难每晚保证八个小时的睡眠时间。　　　　　　　是　否

看看自己的回答。如果这些问题的答案多数都是"是"，那么或许你需要检讨一下自己遇到挫折之后重新站起来的能力。马上确认自己可以在哪一两件事情上进行改变，提升自己的抗逆力。例如，你是否能提前一个小时上床，让自己睡得多一点？你是否能缩短自己开小差的时间，延长自己保持清醒的时间，把握住现在？切记，这是一个过程。改变习惯非常难，不要因此而自责。久而久之，就算是小改变也能带来大变化。

CHAPTER SEVEN
第 7 章

我是母亲,但不会退出职场

开心接受个人生活中的每个里程碑,这是你在工作之外获得成长的机会。它可能会给你带来深刻的领悟。

萨曼莎·洛莫(Samantha Lomow)
孩之宝(Hasbro)品牌高级副总裁

思考一下

- 女性兼顾工作和孩子时所面临的挑战。
- 在照顾孩子的同时无须辞职的多种可选方案。
- 哪些方法可以让你在工作和家庭之外抽出更多的时间放在对个人和家庭来说真正重要的事情上?

她性在通往领导岗位的道路上会遇到众多艰难的选择。其中一个选择主要是针对职场妈妈们的。不管是怀胎十月还是选择收养,不管是单独抚养还是有配偶共同抚养,对职场女性而言,多一个孩子,事情就会变得更加复杂。每个女性都必须根据自己、家人和事业等来选择最适合的方法度过这段时期。有一点是非常确定的:规划和远见通常都能发挥大作用。

安妮-玛丽·斯劳特(Anne-Marie Slaughter)在《大西洋月刊》(*Atlantic*)上发表了文章《为什么女性做不到面面俱到》(*Why Women Still Can't Have It All*),分享了自己的经历和领悟。她认为,至少目前在美国,社会结构、政策和信仰体系都必须进行变革,以为职场妈妈们提供平等的竞争环境,让她们拥有和职场爸爸们同等的机会。这点非常正确,但这种改变将需要多年的时间。遗憾的是,对于我们这些现在正为这个问题而感到头疼的人来说,那些变化暂时帮不上忙。

本章将帮助你分析当工作和母亲这个身份出现冲突时的各种选择。我们将探讨母亲身份对职业生涯的影响,以及如何来尽力平衡这两种身份,取得自己应有的成就。平衡的关键在于帮助女性懂得成为好母亲并不一定意味着要放弃自己的事业,甚至连暂时放弃也不用。事实上,在女性"退出职场"后重新回来时,面临的窘境包括工资下降、影响力下降和痛失职场发展机会等,而组织则面临人才流失的问题。这些问题影响的不仅仅是职场妈妈,还包括了她的孩子、她的组织以及我们的未来。我们希望未来看到职场女性数量增多,而不是减少。尽管本章讨论的是有孩子后要做出的选择,但我们都是"三明治一代",上有老下有小。我们希望本章的内容能够帮助到那些上有老下有小的读者们。

第 7 章
我是母亲，但不会退出职场

职场妈妈们面临的挑战

当职场女性决定生小孩或带小孩时就会面临众多的挑战。一方面是要休假一段时期，可能是数周、数月，甚至是数年。这是比较实际的问题。另一方面则是部分文化期待和偏见，比如女性可以留在公司内工作多长时间？如果她们可能会离职，那是否值得去培养和提拔她们？这些挑战具体以多种形式表现出来。

休假政策存在不足，缺乏弹性

如果工作的时间安排拥有更大的弹性，可能就会有更多女性继续坚持工作。美国劳工统计局（US Bureau of Labor Statistics）的数据显示，自 1999 年起，职场女性的数量一直在下降，而部分专家将这种现象归咎于美国针对新手父母们的全国家庭照料假政策未能与时俱进。在遭遇决定休假时间这个难题时，美国女性要面对的是全球发达国家中最糟糕的联邦带薪休假政策。一些更加进步的公司和州不得不去填补其中的休假时间空缺。只要为人父母，就会懂得弹性工作制的重要性，不仅仅是在孩子们年纪尚小时，而且会一直持续到他们十多岁。尽管美国的公司正变得越来越开明，但现实是当女性要承担绝大部分抚养孩子的责任时，她们难以在照顾家庭的同时进行要求较高的工作。

在我们的职业生涯里也曾经遇到过众多女性，她们选择放弃事业，回家照顾孩子。对于放弃工作这件事，女性有很多颇具说服力的理由，比如希望在孩子们的成长期陪伴他们，或者是希望省掉雇保姆的钱。当雇保姆的钱超过孩子父母某一方的工资时，从经济角度来说，两人都继续工作的意义不大。但有些女性无法在短期或长期里靠夫妻某一方的工资生活。有些女性是单亲妈妈，她们没法选择离开职场，因为她们是家里唯一的经济支撑。有些女性不想在事业和家庭中做选择，她们希望鱼和熊掌能兼得，因为男性"可以那样做"，甚至社会希望男性那样做。

其他国家和美国部分州都有法定产假，可以减轻部分负担。在我们撰写本书的时候，联邦层面尚无此类假。新妈妈们必须根据《家庭医疗休假法》（*Family Medical Leave Act, FMLA*）来请假，但前提是她们根据该法享有相应的福利。很多在低层次或服务行业工作的女性没法享受到相应的福利。全球有185个联合国成员国提供一定形式的产假。美国是发达国家中唯一一个在联邦层面无法定产假的国家。好消息就是，谷歌、Facebook和微软等公司正在率先提供工资丰厚的带薪家庭照料假政策。

加拿大、瑞典和挪威等其他发达国家都提供至少26周的产假，韩国、日本、捷克共和国、奥地利和丹麦等失业率较低的国家则提供长达52周的产假。联合国国际劳工组织建议母亲们能拥有14周的带薪产假。为什么要摆出这些数据呢？你可能无法去改变这些实际规定，但了解各国之间做法的差异有助于你了解全球对家庭照料假的支持情况，能为你所在的组织提供部分数据，供组织去考虑，从而采取相应的行动。这些数据也能帮助你选择去哪个地方工作，也可能会让你将目光放在那些早已经推行更加先进的产假政策的州或国家。

我（珍妮弗）生了三个孩子，在每个孩子出生后我都曾经休过一段时间的假。1992年，莎拉出生，当时我还在读研究生。莎拉出生的头六周，我多数时间都是在家忙于一份研究计划书，该计划书后来成为我的毕业论文的一部分。从好的方面来说，我那段时间是在陪着莎拉。克里斯托弗1995年出生，当时我已经在创新领导力中心工作了，

第 7 章
我是母亲，但不会退出职场

根据《家庭医疗休假法》休了六周假（拿 60% 的薪水），然后又多休了两周的时间，拿 50% 的薪水在家办公。等到 1999 年生格雷丝的时候，我有六周家庭医疗假，外加两周无薪假，两周 50% 的工资在家办公，以及两周 50% 的工资在办公室上班，总共休了三个月的时间。我真心谢谢公司的这种灵活处理方式，让我可以根据家庭和自身需求来安排自己的产假。尽管这样我的薪水会减少（或者没有薪水），但我在家陪伴克里斯托弗和格雷丝的时间可以比当初陪伴莎拉的时间长，这让我觉得很开心。除了照顾小宝宝之外，我也有更多的时间去和家里大一点的孩子们相处。我知道，等到重新回去工作时，我的工作会在那等着我，我能够慢慢地恢复工作状态，而不是立马就要 100% 地一头扎进工作中去。

我非常感激当初所得到的种种支持。但全球的状况已经不是 18 年前那样了，女性现在强烈要求有更好的休假政策。我们为这些女性鼓掌！呼吁制定更好的产假政策的男性和女性越多，组织才越有可能保留住女性人才，否则她们将退出职场。

我很开心地告知大家，创新领导力中心已经修改了我们的产假政策，女性将会有 6~8 周全薪产假（具体时间由医生确定），然后所有员工不论性别，在孩子出生、照看孩子或收养孩子的过程中都可以有四周的全薪抚育假。对生孩子的女性来说，抚育假和产假可以累加，这样总共可以有 10~12 周的时间。

在我们的女性采访对象中，很多人都表示当母亲身份和工作出现冲突时很难进行选择。凯西亚·托马斯在一所大型高等院校担任高级副院长。当初，身为助理教授的她打算和当时的丈夫组建小家庭。在打算生第一个孩子时，夫妻二人试图计算怀孕时间，这样在孩子出生后她正好可以结束长达九个月的轮流教学期。在生第二个孩子时，他们计划让孩子在夏天出生，因为大学不提供产假。但在当时，事情变得有点复杂。"我成功应聘到另一所大学担任院系负责人，"凯西亚说，"我还记得我丈夫开车带着我和儿子去那所大学参加为期两天的面试，那所大学在另一个州。我应聘成功了。学校已经可以明显看出我怀孕了，但他们认为我的上任日期不能改变。我无法在他们要求的时间按时上班，所以不得不拒绝了这份工作。对我来说，那其实会是一个很好的职业发展机会。自那之后，我与所在院系一起安排制定了间接性的产假政策，女性在需要休家庭医疗假时可以暂停教学。她们仍然可以从事研究工作，拿份薪水，这样不仅能减少产假的影响，而且依然有份收入。"

如果你所在的国家或所工作的公司有良好的产假政策，那就恭喜你。例如，IBM公司现在为妈妈们提供20周的带薪产假，父亲、配偶和收养人可以有12周的带薪产假。这类具有远见的政策可以减小女性的压力，让她们在抚养孩子的那几年里无须退出职场。但休假政策的不足并非高管女性在考虑生孩子时要面临的唯一问题。

我的工作还会留在那里吗

有些女性担心如果自己在生了小孩或收养小孩后休假，雇主是否会找人替代她们。美国的《家庭医疗休假法》和其他国家类似的规定都旨在保护休假的人能保有自己的工作，但现实情况是这些政策没能得到有力的执行和实施。凯西亚不得不根据所在大学的政策来计划怀孕生子的时间，而在沙特阿拉伯，女性就不需要进行这种极端的时间选择。"在大学系统里，母亲们可以全薪休假45天，"核物理学家阿比尔说，"此后，她们可以选择拿 1/4 的薪水继续休 6 个月到 3 年不等时间的假。她们的岗位是有保证的，会留到她们重返职场。"但在大学系统之外，情况就截然不同了。"在企业里面，母亲们只有 45 天的假期，"阿比尔说，"她们可以继续休无薪假，但等休假结束后不能保证再回到以前的岗位。"

《家庭医疗休假法》提供的产假不足，可是组织的实际做法让那些有限的支持都无法得到有力的保障。女性如果因为生小孩或照顾小孩休假可能会被公司告知，其岗位在休假期间不能空缺，所以公司会找人临时替代。但此后，妈妈们在休假结束回到公司时却得知，公司希望让替代自己的人继续留任，或者公司可能不需要找人替代休产假的女员工，但为了保证工作的开展，会对该岗位的工作进行重新安排，所以在妈妈们重返公司时，该岗位已经不再适合她们了。这些做法都是不合法的，但不管怎么样，有些公司就是这样做的，结果导致女性担心如果自己产假休"太久"，可能就会遇到麻烦。

声誉受损

2007 年，康奈尔大学（Cornell University）的社会学家们进行实验，以了解是否存在他们所称的"母亲惩罚"（motherhood penalty）。研究人员查看了男性和女性的工作申请资料，这些资料都按照性别两两分组（例如，有两位女性申请者）。每组申请者在技能和经验上都基本相当，唯一的区别在于他们的生育状况。研究结果让人震惊。组织通常认为妈妈们对工作的投入不及非妈妈们，而男性在成为父亲后相对于非爸爸们来说对工作更加投入。与没有孩子的女性相比，妈妈们似乎在招聘和晋升上得到的机会更少，这也难怪女性在生下宝宝后会感到有早点重返职场的压力了。退休 CEO 休肯定也感受过这种压力。"我是那个岗位上第一个怀孕的人,"她说,"我感到有重返工作的压力。我生每个女儿时都只休息了六周。鉴于我的领导级别较高,我觉得如果休假超过六周,就可能会影响到自己的职业生涯。"但玛丽安·鲁德尔曼、帕蒂·奥洛特、凯特·潘泽(Kate Panzer)和莎拉·金(Sara King)的研究告诉我们,女性在边工作边照顾孩子时,多重身份反而会让她们在领导岗位上效率更高,提升她们对生活的满意度,增强她们的自信。遗憾的是,很多女性感觉组织认为她们的多重身份是种障碍。组织和经理人可以去进一步发现女性的多重身份所带来的好处。

影响未来的收入

也正是在研究声誉损失的那次研究中,研究人员同时分析了假定的新员工的建议起薪,这些新员工仅仅在生育状况上有所区别。妈妈们的建议起薪要比那些非妈妈们低(分别是 13.9 万美元和 15.1 万美元),而爸爸们的起薪要比非爸爸们高(分别是 15.2 万美元和 14.8 万美元)。

这些问题都导致部分妈妈们认为不值得重返职场(前提是她们可以有其他选择)。众多高学历、有才能的女性离开职场,非营利性组织、教育机构、政府和企业等因此错失了大量的人才。在女性短暂离开再回到职场后,她们要面临众多难题,这导致问题进一步加剧。就算能重返职场,那些女性不仅仅休假期间的收入会减少,每年的加薪也会受到影响,这些损失会像滚雪球般越来越大,导致女性重返职场后的收入远远落后于那些选择不为了家庭放弃事业的男性和女性。在整个职业生涯里,这种经济上的差距会持续存在。

但还有另一个选择：女性在生孩子和带孩子的时候，如果组织能够相应地调整对其岗位的要求，或许她们就无须辞职回家。她们可以选择放缓事业发展速度，而不是直接退出职场。

放缓事业发展速度

放缓事业发展速度是什么意思？当你要花大量的时间去照顾孩子时，它能如何帮助你维持自己的事业发展方向？放缓事业发展速度可能是从全职工作变为兼职工作，可能是与他人共同分担工作职责，可能意味着将本来需要用一周五天40个小时完成的工作在四天内完成。放缓事业发展速度就是让你能继续留在职场，从事可以弹性工作的职业，从而满足家庭的需求。放缓事业发展速度有两种非常常见的形式：一种是保留当前的工作，但采用弹性工作制；一种是进入全新的职业领域。

如果身为员工的你口碑良好，我们建议你在辞职之前先找老板谈谈，力争更加灵活的工作时间安排。雇主不会愿意失去优秀人才，你或许能争取到对你和组织来说双赢的一种时间安排。我们部门的部分员工也遇到过这种情况，部门和员工就工作时间进行了协商，最终方案的效果非常好。我们留住了优秀的员工，员工则能够有时间陪伴年幼的孩子。工作分担是方案之一，即两个人共同分担同一份工作，并分享相应的工资，从而双方都能够继续工作，又最大限度减轻了组织背负的经济负担。

我们也看到一种趋势的出现，即女性离职后成为独立的顾问，然后再与此前的雇主签订合作协议，并一起寻找新的客户。雇主通常很喜欢这种做法：组织在一定程度上可以让才华横溢的前雇员继续为自己服务，同时减少了管理费用，包括全职工资和福利。

有些女性已经给自己开创了全新的事业。当女性想继续工作，但又需要更为灵活的时间安排时，我们觉得这是非常明智的方法。当选择这种方式的女性被问到究竟是什么促使她们创业时，答案无一例外是"灵活的时间安排和自主性"。不过也请谨慎而行，自主创业也有缺点。辞职后成为合同工或顾问意味着放弃了医疗保险、弹性支出账户和养老金等福利，意味着可能每个月无固定的收入。当你为了履行家庭职责而需要自主性和灵活的时间安排时，就要做好准备放弃那些福利。

我（波西亚）曾经遇到过一位女性品牌顾问，她曾经在多家历史悠久且发展稳定的公司担任市场营销高管，但为了能有更多时间和两个孩子在一起，她决定放缓事业发展速度。多年来，她为中小型企业提供品牌顾问服务，取得了出色的业绩。2008年末，金融危机出现，于是她缩减自己的业务，将生活重点放在自己的孩子身上，在一定程度上靠自己在担任顾问期间的储蓄来继续生活。现在，全球经济处于上升阶段，她有了更多的客户，能够在顾及家庭生活的同时对客户进行有效管理。在产假结束后，我也选择一周在家工作一天。那样我可以在儿子一岁前坚持母乳喂养，而且每周中有一天能够节约一个小时的通勤时间，有更多时间和家人待在一起。

现在，女性有更多机会选择放缓事业发展速度。更多公司也正在抓住零工经济大潮，利用兼职、合同工和临时服务，这意味着女性有更多机会来创业，可以找到更多愿意花钱购买你的技能和专业知识的客户。抓住机会吧！

有些雇主不喜欢那些主动辞职在家的女性。如果你未来想重返职场，就更应该在辞职之前多加考虑。但如果你需要其他更具说服力的理由来让你选择放缓事业发展速度，而不是辞职，以下部分放缓事业发展速度的方法能够在一定程度上帮助你继续留在职场。

何时选择放缓事业发展速度

在指导他人的过程中，我们看到女性会在不同的人生阶段选择放缓事业发展速度。有些是在生小孩之后希望在孩子尚小的时候能有更多时间待在家里照顾他们，还有就是怀孕期间。人们总是希望自己的怀孕和生产过程能够顺顺利利，但难免偶尔会出现并发症。你可能会因为剖宫产而需要恢复，可能孩子出生时难产。这两种情况都有充足的理由促使你选择放缓事业发展速度。我们也曾看到其他客户在孩子们稍微年长一点时选择放缓事业发展速度。我们曾经指导过一位客户，她有个 10 岁大的儿子，被诊断出有学习障碍。她意识到自己必须花更多时间陪伴孩子，安排孩子的治疗。她与雇主商讨，每周有几天在家办公，这样可以有更多的时间到孩子的学校去陪他，也能有时间带着他去看专家。我们也不要忘记，很多女性在抚养孩子的同时还要照顾年迈的双亲，照顾患病或体弱的父母的责任通常也会落在女性肩上。我们有位同事选择了休长假来照顾自己患有阿尔茨海默病的母亲。等能够重新回来工作时，她选择了放缓事业发展速度。她换了一个岗位，这个岗位既能够满足她的需求，也能让创新领导力中心给她空间去发挥她的才能，为我们的组织做贡献。

放缓事业发展速度的关键

以下是帮助你成功放缓事业发展速度的关键。

保持自身的竞争优势

如果你已经退出职场一段时间,雇主可能会认为你的竞争力不及其他候选人。尽管我们知道事实根本不是那样,但雇主可能会认为你的技能已经过时,你已经忘记如何进行团队合作,或者你的工作不会太卖力。不管是选择放缓事业发展速度还是选择短暂地离开职场,你都必须紧跟行业的发展,定期阅读行业新闻或者参加培训。将照顾他人视为你当前的工作,明确你所负责的工作内容具体有哪些,你正在学习和使用的技能又有哪些,分析这些技能和工作内容将如何给组织创造价值。这样,当你准备重回职场时,你将能够在面试和交流会上展示自己对当前趋势和问题的了解以及自己具备的相关技能,这可能会给你带来新的工作机会。

维护自己的关系网

要想维护自己的关系网,请始终保持一只脚站在职场的门内,不要把背后的门彻底关上。学校和社区志愿者工作能够给你带来工作机会,也能帮你扩大社交圈,但最重要的还是继续维护自己的专业关系网。如果你打算放缓事业发展速度,请保留自己的专业协会会员资格。时不时参加专业大会,继续扩大自己的影响范围。和关系网中的核心成员定期进行联系,这既是为了让自己不至于被遗忘,也是为了时刻了解他们当前正在做什么、学什么和谈论什么。积极维护自己的专业关系网,当你想重回职场全职工作时,之前的努力就能帮到你。

保持思维敏捷

不管是不是正式工作，你都必须不断在智力上挑战自我。我们认识众多选择退出职场数年的女性专业人士，她们都聪明能干，才华横溢。对她们来说，在退出职场的那些年里，最遗憾的就是缺少了全职工作时的智力刺激。有众多方法可以帮助你保持敏锐的分析技能，其中包括志愿者工作、阅读行业出版物，以及兼职提供咨询服务、在地方大学里担任客座讲师，并且保持与专业关系网的联系。

将低价值的工作内容外包

在照顾孩子时，不管你是选择放缓事业发展速度，还是选择继续从事全职工作，你都必须承认自己身上背负了新的责任，要同时履行好这些责任是非常困难的事情。坦率来说，这个建议是针对所有女性的，而不仅仅针对要照顾孩子的女性！女性要承担大部分家务和照顾孩子的任务，还要上班，也就是所谓的"双班倒"，就算是身居高位也是如此。我们所采访的女性中，多数人的丈夫都非常积极主动，部分甚至会为了支持妻子的事业发展而决定把自己的事业放在末位。这些女性表示，配偶的支持和配合是她们取得成功的关键。"如果没有我丈夫的配合，我绝对不可能在事业上取得这番成就，"高管萨曼莎说，"他让我在必要时可以全身心投入工作，让我能轻松地在工作和家庭之间切换。"萨曼莎及其丈夫在他们的事业发展之初就决定，萨曼莎将是家里的主要经济来源，而她丈夫会主内，负责照顾两个年幼的女儿。两人共同确保萨曼莎和家人相处时都是高质量的陪伴，就算她的工作对时间要求非常高。丈夫会负责安排家里的各种事务，包括在她可以从工作中脱身时制订全家的度假计划。"对我们这个家庭来说，那是个非常明智的决定，"萨曼莎说，"在女儿们尚小时，我们有保姆帮忙，但最终我们觉得最好我们两人中有某个人能全天候地陪着孩子们。两个人共同灵活应对，这点非常重要，因为适用于现在的方法可能放到明天就没用了。我们要随时准备做出调整。"

陶琼曾经在一家跨国化工公司担任法律顾问，后来在我们撰写本书期间加入了创新领导力中心。针对社会对女性的期望，尤其是在家庭责任上的期望，她有一种很有趣的处理方式。她曾经有过一段经历，这段经历给她造成了创伤，也让她有所领悟。她的丈夫突然意外身故，而当时两个孩子都还不到10岁。"我们对核心家庭的概念存在错误理解，那是一种理想化的概念，"陶琼说，"生第一个孩子休产假时，我感觉自己孤零零的，因为我丈夫在工作，而我则全天候在家守着孩子。在其他文化里，可能会有一个大家庭围着我转。女性在做了妈妈后如果认为照顾孩子和家庭的工作主要应该由自己来承担，那就会陷入困境。我们将母亲的身份理想化了，认为妈妈必须时刻陪伴孩子，其他人都做不到妈妈那么好，无法取代她。在丈夫过世后，很幸运的是我妹妹过来和我一起生活，和我一起照顾孩子。她是我心目中的英雄，我不知道如果没有她，我的日子要怎么过，但不是人人都可以有个人来依靠的。"

的确如此，不过你可以寻求其他类型的支持。我们采访过的众多女性选择将部分母亲要做的工作外包给其他人。在公开发表演说或指导女性时，我（波西亚）常常被问到如何能在担任高管并抚养两个孩子的同时还有时间进行写作和演讲。我的回答永远是："我不会去打扫厕所或扫地。我已经有10年没有打扫过自己的浴室了。"只要可能，想想看生活中哪些事情是无法创造增值的，然后将这些事情交给其他

第 7 章
我是母亲，但不会退出职场

人来做。我们采访过的众多女性都会找保姆来帮助自己照顾孩子，或者找人来整理内务。她们会充分利用网上购物服务，她们会点外卖，或者找钟点工来帮自己做饭，有些人甚至聘请了管家来帮助自己安排所有这些事情。市场现在可以提供多种多样的服务，你会将哪些事情交给他人来做呢？这个问题仅仅取决于你的预算和你的意愿。

可是对众多女性而言，让他人来给自己做家务的预算是零。不过还有一些有创意的方法可以帮助你把低价值的家务工作外包出去。例如，如果你的朋友擅长整理衣柜，那么你就可以在朋友给你整理衣柜时帮她看孩子；请做会计的朋友帮你处理报税问题，用每年帮朋友家人做生日蛋糕来进行交换；把家里空余的房间免费提供给大学生住，条件是他／她负责家里每周的清扫工作。不要忘记家中的配偶也能发挥作用，而且孩子们在慢慢长大，也能帮上忙。我（珍妮弗）家有一条基本原则，即做饭的人不负责收拾，不做饭的人最后要负责收拾。在孩子们 10 岁以后，他们也要遵守这条原则。在做家务和照顾孩子这两件事情上与配偶就时间分配达成统一，不要将所有责任自己一肩挑。

我们（波西亚和珍妮弗）采取的方式和我们的母亲完全不同。我们发现到底是谁来负责刷马桶和洗浴缸并不重要，只要马桶和浴缸干干净净就行。我们发现最重要的是能够把时间花在高质量的事情上，例如和家人共处。有些家务活他人可以干得更好更高效，我们就不用将时间花在这些家务上了。我们很幸运，能够将部分家务交给他人去做，不用觉得自己必须承担那些责任。

拿自己辛辛苦苦赚的钱去买家政服务？如果这种做法让你有愧疚感，千万别这样。你或许可以像苏珊·塔达妮可那样想："如果让我再做选择，我会请家政服务。我曾经对出色的父母应该是什么样有一系列不合理的理念。我认为购买日常用品、跑腿、搞卫生、做饭等都是妈妈该做的，如果做不到所有那些事情，我就不是一个好妈妈。我被禁锢在这些想法里，而这些想法影响到了我自己和我的家人。如果我能够退一步想，把家庭当作公司进行管理，或许我就会增加更多人力资本。"苏珊发现，我们总是太轻易地根据他人的标准来进行自我判断，认为我们必须把所有事情都揽下来。"我们必须给自己喘息的时间，给自己空间去重新定义究竟好妈妈是什么样的。"她说。对此，我们无比赞同。

但就算女性能够请他人来做部分家务，生活也不总是那么顺利。孩子的一点小问题就可能成为妈妈的大难题，但每个难题都可以通过积极的心态和巧妙的心思来应对，也会带来回报。大学校长罗莎莉还记得女儿蹒跚学步时的一件事。"我女儿当时在幼儿园，脸上还挂着泪花。她说，'妈妈，幼儿园有活动，我要和我眼珠同样颜色的纽扣。'我母亲过去常常有一盒纽扣，但我没有。所以我找到自己全新的外套，将纽扣扯了下来，交给她。其实那天我要去参加一份新工作的面试。在面试结束准备离开时，面试官说，'你外套上的纽扣掉了。'我向他解释了原因，他说，'还记得我刚才说我们很喜欢你，也希望能和你共事，但还必须先走流程吗？现在我决定马上要你了。'那一天，我将孩子摆在第一位的决定的确是个好决定。"

不管对女性还是对其工作的组织来说，为尊重职场母亲给其提供工作，这可以带来巨大的影响。豪华酒店总经理苏珊娜·马林认为组织必须去倾听和理解。"女性在沟通时都相当坦诚。如果认真倾听女性团队成员的话，你就能从中找到答案和解决方案。她们将帮助你更好地组织工作，无人能及。我在酒店业 25 年的经验告诉我，只要你

第 7 章
我是母亲，但不会退出职场

帮助母亲们（尤其是单亲妈妈）去平衡工作和生活，她们将是最忠实的员工。疑人不用，用人不疑，帮助她们去发挥自己最大的才能，你必定也能从中有所收获。这些女性对工作的投入值得公司为她们提供产假。"

达娜·博恩在休了六周的产假后重回五角大楼，她所得到的强大支持让人惊叹。因为女儿可以放在五角大楼的日托中心，她可以继续进行母乳喂养。"当我需要挤母乳时，办公室没有设置哺乳期妈妈的专用空间。部门里只有我老板的办公室能够关门，他会说，'达娜，需要我去健身房时告诉我一声就行。'他会让我用他的办公室。现在，五角大楼为哺乳期妈妈们提供了非常好的设施。但在当时，我很幸运自己的老板在我需要时能为我创造那个空间，"她说，"他让我把吸出的母乳放在他个人的冰箱里，那里面还有他自己的软饮料。他也会在每天下班时提醒我记得拿走。他做得太棒了。"老板给予她的坚定支持仍然让她感叹不已。

究竟是选择退出职场还是选择放缓事业发展速度呢？如果你此前没有碰到过这种选择，或许在未来会碰到。请根据你在本章中所学到的知识想想究竟哪种选择最适合自己。

练习：我的生存指南

不管是负责照顾孩子还是照料老人，你都需要投入大量的时间，或许这还会促使你决定违背自身意愿退出职场。请参考本章的表格（或使用你自己的笔记本）编写自己的生存指南，思考如何能根据自身偏好选择放缓事业发展速度，而不用退出职场。我们提供了两个例子，可以帮助你理清思路。

日常任务	现在是我自己全包吗	可以交给他人来做吗	怎么处理
洗衣	是	可以	请配偶每周分摊一半的洗衣工作
搞卫生	是	可以	每两周找钟点工来进行一次大扫除

值得反思的问题

你应该已经清楚这个步骤了。现在是时候拿出你的笔记本了！想想看：

- 我是否早已退出职场或者选择放缓事业发展速度？若如此，我从中吸取了什么经验教训？
- 如果我正面临退出职场还是放缓事业发展速度这种两难的选择：
  » 公司的休假政策怎么样？
  » 等我重返职场时，我的岗位还会在那等着我吗？我的声誉会受损吗？
  » 我未来的收入是否会被影响？
- 在选择放缓事业发展速度时，我要如何继续紧跟专业的发展？

第 8 章

重新定义工作和生活的平衡

或许有人会说根本不可能兼顾工作和生活。我会质疑这种说法。我认为工作和生活可以兼顾，但关键在于你要懂得兼顾是什么意思。一切都会随着时间的流逝而发生变化。

休·科尔

美国信托公司（United States Trust Company）

大西洋中部地区前区域 CEO

思考一下

- 平衡工作和生活的优势，以及缺少平衡会带来的问题。
- 你在兼顾工作和生活时的偏好。
- 兼顾工作和生活的部分方法。

大家应该都听过这句话:"你必须更好地平衡自己的工作和生活!"可能说法不同,但意思一样。我们也都知道怎么来回答:"好的。如果有时间的话,我会想想该怎么做。"同众多职场人士一样,你的时间总是远远不够用。我们在第 6 章中讨论了必须好好照顾自己,我们希望大家能够认真思考,记下答案,制订新计划,力争拥有更高质量的睡眠,坚持锻炼,并且养成良好的饮食习惯。在本章中,我们将会进一步探讨那些数量庞大得令人沮丧的必做事项。我们想说,"平衡"并不意味着"始终保持相等"。"平衡"实际上是指找到或建立合适的生活方式,让你能实现人生目标。

难以捉摸的平衡

平衡工作和生活通常是指个人能同时满足工作和生活的要求,让工作和生活两者之间不存在冲突,或冲突甚少。但究竟有多少人觉得自己做到了平衡呢?

当经理人表示他们能很好地平衡工作和生活时,其上司更有可能认为他们具备晋升的潜力。经理人会给自身的工作和生活的平衡情况打多少分?在其上司的心目中,如果他被提拔进入新业务线后表现会如何?在同一职能部门或业务部门内得到提拔呢?或者是被提拔两个级别呢?创新领导力中心研究人员莎拉·斯塔维斯基(Sarah Stawiski)和比尔·金特里(Bill Gentry)与丽莎·巴拉尼克(Lisa Baranik)合作,根据创新领导力中心经理人 360 度调查基准(Benchmarks for Managers 360 Survey)中的四份声明,分析了上述四个问题。猜猜结果如何?如果你感觉自己能很好地平衡工作和生活,你的上司会认为

第 8 章
重新定义工作和生活的平衡

你的晋升潜力更大！你不用 7 天 24 小时不间断地工作才能让老板看到你有能力接受新挑战。不管老板属于哪一代人，这个研究结果适合于"X 一代"和"婴儿潮一代"的经理人。在发现其中的关系之后，我们的同事推断：工作和生活的平衡不会妨碍上司对经理人事业发展潜力的看法，经理人也无须因为担心在工作中得不到提拔的机会而放弃与家人相处的时间，或者是放弃他们在工作之外的爱好。事实上，工作和生活的平衡能为经理人得到提拔创造机会，为他/她谋福利。

创新领导力中心的菲利普·布拉迪（Phillip Braddy）也发现，在全球 2472 份中层经理人的样本中（54% 为男性，46% 为女性），男性和女性能平衡家庭和生活的比例从中到高不等，而且男性和女性对平衡的理解基本类似。经理人若能很好地平衡家庭和生活，上司也会认为该经理人表现优秀，能够胜任领导人一职。很有意思的一点是，其上司会认为，相比那些不太能平衡工作和生活的女性，能很好地平衡工作和生活的女性的领导工作不太会受生活影响。而对男性来说，不管是否能平衡工作和生活，上司对其看法没有差别。也就是说，上司认为男性的领导工作是否会受到影响与其生活和工作的平衡情况无关。

科技的作用

智能手机和其他科技是把双刃剑，深深影响了我们对工作和生活的平衡感。有了手提电脑、平板、智能手机和随处可用的云技术，不管在不在办公室都能方便地进行工作。创新领导力中心的珍妮弗·迪尔（Jennifer Deal）在她的研究中发现，在使用智能手机的高管和其他专业人士中，60% 的人会每天工作 13.5~18.5 小时，每周工作五天。就算是那些不使用智能手机的人也会受到该科技的影响。不使用智能手机的人中有近 1/3 的人也同样会每周工作五天，每天在线 13.5~18.5 个小时。周末也不会有休息！使用智能手机的高级经理人（49%）、业务部经理人（47%）和执行高管（49%）中有近半数人表示，他们在晚上和周末都要回复老板的信息。对于那些不使用智能手机的经理人来说，这个数字会低一些，但高级经理人（17%）、业务部经理人（42%）和执行高管（25%）仍然觉得有压力，因为他们在工作时间之外要尽可能地回复老板们的信息。不过这种连通性也有好处。通信技术让我们能早些离开办公室陪年迈的父母看医生、去孩子的学校参加家长会，或者是去自己所在的课外委员会参加会议。因为你知道，有了通信技术，你可以随时回复信息，或者是晚上在家再去完成当天的工作。

　　科技让工作渗透到了我们的生活空间中，也让生活进入了工作当中。智能手机让我们可以浏览社交媒体的推送，让自己的大脑短暂地休息一下，它也能让我们在家人和其他人需要找我们的时候轻松联系到他们。但从另一个方面来说，这种便捷性也可能导致你在工作时间里把太多时间花在与工作无关的事情上，最后不得不在办公室加班，或者晚上在家工作更长的时间，只是为了赶当天的工作进度。工作渗透到了生活中，个人需求渗透到了工作中，这种情况可能会让人感觉无法平衡工作和生活，让人感到沮丧和压力。众多处于职业生涯中期的女性难以平衡工作和生活，那我们是否可能实现工作和生活的平衡呢？

平衡还是兼顾

　　假设你生活得很轻松自在，你觉得自己在工作、家庭、社区和个

第 8 章 重新定义工作和生活的平衡

人等人生重要组成部分上投入了适当的时间和精力。这会是什么样的呢？你能在要求的时间内完成重要的工作吗？你是否能在配偶、孩子、父母和朋友等所爱之人的重要时刻出席呢？你是否有时间参与自己所热爱的慈善活动或参与社区非营利性组织？你是否有时间睡觉、锻炼和反思？

平衡是指在两个或多个对象中进行平均分配。对处于事业发展中期的女性而言，似乎不太可能做到。我们的同事玛丽安·鲁德尔曼、菲利普·布拉迪、凯利·汉纳姆（Kelly Hannum）和艾伦·厄恩斯特·科赛克（Ellen Ernst Kossek）认为，我们能做到的就是兼顾生活和工作。

在组织内，处于中层的女性很可能要管理其他人，承担一定的职能责任，也要在一定程度上辅助更高级别人员的工作，展现出自己对更高级别领导工作的兴趣和能力。多个层面的要求和责任通常会让她们在时间管理上遇到难题。她们要随时回应下属的需求，因此无法准确地计划自己一整天的工作量，每天实际做的工作常常要比当天的计划多，所以"完成一天的工作"这句话就变得不太适用了。我（珍妮弗）还记得自己成为经理人后的样子。我手下只有一位员工，但我自己有整天的工作任务要完成，还有两个小孩。我当时请教了上司埃伦·范·威尔瑟（Ellen Van Velsor），询问她如何能每天完成自己的工作按时下班，毕竟她也有两个孩子，而且她似乎工作效率非常高，总是能合理安排自己的时间。埃伦当时对我说："你不要想着自己能完成所有的事情，你可能永远做不到，但你应该知道真正重要的事情是什么，先把精力放在那些事情上。"这些充满智慧的话让我感到些许安慰，所以在我的下属被提拔后，我也会把这句话送给她们。

我有时候自己也不会照着这个建议来，但我的经理让我学到了非常重要的一点，我不再仅仅把"工作"理解为自己所负责的职能工作，还要包括员工的需求。这种转变非常重要。我知道，领导人每获得一次提拔，其每天工作时间的控制难度就会加大一分。女性的生活发生变化时情况也是一样，例如，当她从单身变成有伴侣、生小孩，或者是要照顾年迈的双亲时。当我们的时间必须花在越来越多的事情上时，我们对"平衡"的概念的界定也就必须做出改变。

兼顾工作和生活的方法

如何能兼顾生活的各个组成部分呢？我们的女性采访对象介绍了适用于她们的方法。先申明一句，这些方法不会对所有女性都适用。退休人力资源高管莱斯莉·乔伊斯提醒我们："世界上有很多女性，对她们来说，平衡工作和生活是完全陌生的概念。她们拿着最低工资工作，还要养活家庭和自己，她们没有办法去平衡自己的生活。"对此我们完全赞同。莱斯莉指的是她在家居用品行业工作时合作过的部分女性，而本书所针对的是处于职业生涯中期的女性。与那些处于组织内最底层的女性相比，她们有更大的能力来考虑和平衡自己的生活。我们所采访的女性都已经升至职业的巅峰，她们有自己的难题，但她们也一定很认同一点，那就是她们也有一定的特权，这让她们有能力平衡自己的生活，所以这些采访对象所分享的方法并不一定适用于所有人。我们将尝试提供一些备选方案，但希望大家能结合自身实际情况去思考合适的方法，使用其中至少一种方法来为自己创造和谐的生活。

第 8 章 重新定义工作和生活的平衡

早早起床

兼顾工作和生活的方法之一是早早起床。美国退役空军准将、现大学教授达娜·博恩告诉我们："我起床很早。起床后第一件事就是整理床铺。我通常 6 点 15 分就出门，7 点到办公室。我会在早晨进行思考。我有'必做事项'清单和'可做事项'清单，还有一个清单列举的是'可能完成不了但每天会考虑去做的事项'。"早早起床后，达娜可以先检查一下自己的待办事项清单，抢在他人会占用她的时间和精力之前完成其中部分工作。达娜会关注生命中四个重要的组成部分，做到兼顾各个部分。"我信守四个 F，即信仰（faith）、家庭（family）、朋友（friends）和健康（fitness）。如果这四个方面有所疏漏，我就会失去目标，缺乏激情。"她说。她并不是把精力和时间平分给这四个组成部分，但每周内会给每个部分留一定的空间，让自己能定期处理这四项重要的事情。她在从军那段时间里兼顾工作和生活的方式又与她目前在大学任教时不同。她现在可以有更多的时间和精力去成为自己理想中的母亲。"我曾经思考如何不仅仅只是实现在专业领域的目标。我会思考在我女儿的个人发展和社会发展中可以扮演什么样的角色。例如，我会主动去帮助她们在长大后学习开车。"

让他人帮忙

陶琼的方法就是在可能的情况下请他人来帮忙。她曾经在企业担任法律顾问，目前是战略合作经理。陶琼告诉我们，她会建议处于职业生涯中期的女性不要害怕将工作本身交给他人，也要放下相关的精神负担。"如果打算自己负责洗所有的碗和叠所有的衣服，那我还可能有更多的时间陪孩子吗？理想的妈妈会做漂亮美味的杯子蛋糕，或者是组织精彩的生日会。这种观念会在一定程度上给一些人带来困扰。你不能让完美成为'够好就行'的敌人。"她说。在第 7 章中，我们举例说明了如何将主要由女性来承担的部分低价值家务工作交给其他人来完成。陶琼建议不仅仅应该请人每一两周来打扫一次卫生，同时还可以请他们帮助制订计划，确定何时对踢脚线或灯进行彻底清洗。让他们来负责安排清扫工作，确保日常打扫和大扫除都能定期进行，不要每次等他们上门后再提具体要求。

灵活安排

新加坡政府部长杨莉明（Josephine Teo）发现，身为公众人物，在满足自己所服务的新加坡人的要求后，她同丈夫和孩子们相处的时间就极其有限。"我们俩是在我进入政坛时相识的，到现在已经有 20 年，彼此之间关系融洽，我非常信任他。他告诉我，我给他和孩子的时间根本不够。我必须虚心接受他提出的意见。工作中，他人会给你反馈意见，但丈夫说的话往往要比那些意见更令人难以接受，也会更让人伤心！我需要用一定的技巧和时间来调整自己的行为，处理他给我的反馈意见。最终，我们重新安排了自己的时间，让我们一家人可以有更多的时间相处，但我们仍然要保持灵活机动。例如，我们不可能设定'我们一家人必须每周四晚上一起吃晚餐'这种目标，因为周四晚上我可能要出席公共场合，所以我们接受了这个现实，鉴于我丈夫和我每天忙忙碌碌，时间安排不固定，孩子们也非常忙，家人们聚在一起的时间就要视情况而定。任何固定的形式都行不通。我们不再坚持固定选某一顿饭的时间来让全家人聚在一起，而是决定在周末的某个时间大家一起吃饭，这样可以适应我们不断变化的日程安排，给自己更多机动性。而且就算某个人没时间，我们也会坚持聚在一起，其他家人依然可以开心地在一起吃顿饭。"

整合

莱斯莉的办法就是进行整合。她最喜欢的一句话是"当心事事'非此即彼'"。身为已退休的人力资源高管,她表示自己早早就接受了工作和生活整合的概念,而在当时最常见的做法就是非此即彼。"你要么平衡生活和工作,要么不平衡;要么一把全抓,要么什么都没有。我丈夫也是专业人士,这让我能够将工作和生活好好地整合在一起。我们俩都懂得彼此的责任。我们在自驾出游时一人驾驶,另一人可以开电话会议。或者我们会去度假,并且双方达成一致,每天的某个时间点需要去回复邮件,这不是什么负担,而是和度假一样重要的事情,是为了不拖欠太多工作。在组织内升得越高,这点就越重要,因为你不可能下班后就什么都不管。领导职位越高,下属就越多,你的责任也就越大。就像身为父母后,这份责任更大,你必须承担。你要随时支持自己的团队。"莱斯莉夫妇做的事情之一就是将年假预留到"每年的同一周去休,这样我们就不得不休假,在休假的问题上就会有自律性"。

练习:你的方法是什么

我们已经分享了采访对象的一些方法。有些人喜欢将工作和生活划分得很清楚,有些人则喜欢将工作和生活掺杂在一起。这两种方法孰优孰劣?其实它们并没有好坏之分,重要的是要懂得自己的偏好,然后选择相应的方法。当你能以最适合自己的方式来管理生活的多个组成部分时,它们才能得到兼顾。

在《做自己的CEO》(*CEO of Me*)一书中，作者艾伦·厄恩斯特·科赛克和布伦达·劳奇（Brenda Lautsch）分享了他们的研究结果。他们研究分析了男性和女性是更喜欢清晰地划分工作和生活，还是更愿意将两者掺杂在一起。我们的同事玛丽安·鲁德尔曼、凯利·汉纳姆和菲利普·布拉迪和艾伦合作设计了工作/生活指标（WLI）。该指标旨在帮助领导者提高他们上班和下班期间的效率。

工作/生活指标由三个要素组成，分别是行为、身份和控制。行为是指你综合或区分工作和家庭生活的程度。身份是指你对工作和家庭中角色的认同和投入程度。控制是指你觉得自己对工作和个人生活的界限的管理和把控程度。你可以访问网址 www.kicksomeglass.com/wli，该网站可以提供一次免费的工作/生活指标评估。

在完成工作/生活指标评估后，你将得到一份关于个人偏好的报告。通过报告，你将了解自己究竟是属于掺杂型、区分型、工作第一型、家庭第一型，还是周期型。以下描述摘自工作/生活指标评估报告。

- 掺杂型会将工作与个人任务和责任混杂在一起。他们会为了工作中断家庭时间，或者是在工作时处理家事。
- 区分型会严格区分工作和个人的任务与责任，为它们分配不同的时间。他们喜欢在工作时间专心工作，在家庭时间专心陪伴家人。
- 工作第一型会为了工作而放弃家庭。这些人会在观看体育赛事或度假期间积极地回复工作电话、短信或电子邮件。
- 家庭第一型会为了家庭而放弃工作，不愿意为了工作而占用家庭时间。他们会在工作期间利用科技手段与家人保持联系。
- 周期型会在某个时期内将工作和家庭掺杂在一起，而在某个时期内

第 8 章　重新定义工作和生活的平衡

又会刻意地区分工作和家庭。他们会在这两种情况中来回变化。

通过工作/生活指标评估中的身份要素，你将了解到你对自身在工作和家庭中的身份认同情况。家庭和工作中的角色是否得到了平衡？或者你把关注点放在了除家庭和工作以外的东西上？你会了解到自己在管理自身边界上的控制感究竟有多强。对领导者而言，边界的控制感始终更为重要。

工作/生活指标评估让你对自身行为、身份和边界控制等情况有所了解。你可以如何利用这些相关知识呢？在了解自身偏好后，你可以根据自己日常的真实情况来调整工作风格，而不是表现出你自认为理想的样子，或者你会发现这些信息充分验证了自己当前的做法非常合适，于是选择继续。有几个例子可以帮助你了解这些信息的作用。

例如，我（波西亚）是个掺杂型，我会将工作和个人责任掺杂在一起。我可能会安排在午餐的时间段去看医生和付账单。如果我没时间陪女儿去看医生，保姆会带她到医生那里，然后和我视频通话，我可以边上班边和医生交流。我在看儿子打棒球时可能会回复工作中的电子邮件，或者在度假时，我可能会每天早上抽出一个小时来回复最重要的电话和电子邮件。这种掺杂型的风格偏好并不一定适合每个人，但的确适合我。如果不能有效控制家庭和工作的边界，我就无法将工作和生活掺杂并整合在一起，我会感觉压力巨大，相当懊恼。

德布在一家工艺品和新奇物品公司担任 CEO，她就是区分型，她坚定地认为工作和家庭必须严格地加以区分。孩子们年幼时，她在工作日里会加班加点，为的是周末能够全身心与家人待在一起，周末是她放松休息的时间。如果工作要求她在晚上或周末随时待命，那么工作就会占用家庭时间，也会让她感到很沮丧。

153

米歇尔·盖泽斯－克拉克斯在一家为非营利组织提供资金的机构担任区域 CEO。她此前是掺杂型，时不时还是工作第一型，但孩子的健康问题和学习困难症让她警醒。"我心力交瘁。我在饮食和睡眠上也存在问题。我感到愧疚，我意识到工作已经占据了我太多时间，我必须想清楚究竟什么才是重要的。"她说。米歇尔不再在周末工作，而是在周末让自己放松休息，和家人相处。"我决定将周六当作度假日，起床后去农贸市场。我做我自己想做的事情，度假是一种思想状态。如果我始终按照他人的期望来做事，那我就无法享受自己的人生。我周末不会去洗衣服，而是在周一到周五完成。多数周日我会做饭，在周末我也不会去做指甲，谁会在度假的时候美甲？你会在度假之前就完成。当我看到某位女性压力很大时，我就会问，'你哪天休息呀？'每周选一天让自己度假，你将感受到平和。"她说。

本章就工作和生活的平衡提供了一个视角。不同的人对平衡的看法不同，或者根本不应该提平衡，而应该说兼顾。不管你认为应该平衡工作和生活，或者是兼顾工作和生活，还是有其他截然不同的观点，你都没有错。只有适合你的方法才是正确的方法。

值得反思的问题

你觉得将工作和生活掺杂在一起如何？你从工作／生活指标的评估结果中了解到了什么？如果你正在努力兼顾工作和生活，那么请不要绝望，我们大部分人都是如此。来吧！拿出你的笔记本，记录下述问题的答案。

- 在第 1 章中，你已经明确了自己在进行决策时会遵循哪些价值观。

第 8 章 重新定义工作和生活的平衡

问问自己：我在分配时间和管理工作与生活的边界上是否完全遵循了这些价值观？

- 我分配时间和管理边界的方式是否与我的核心价值观相冲突？
- 明天开始，我可以停止做哪些不能创造增值的工作？也就是就算做了也不能给自己或其他自己看重的人带来显著好处的事情。停止做哪件事情后可以提高我的生活质量？
- 我可以在日常安排中增加哪件能创造增值的事情？现在开始做哪件事情后能改善我的生活质量？
- 我要如何主动去删减或增加那些事情？谁能够给我提供帮助，确保我会采取行动，改变我的生活？

CHAPTER NINE
第 9 章

成为气场强大的办公室女王

> 问问自己:"我是老鼠还是狮子?"老鼠不想被人看到,而狮子优雅自信,行动不疾不徐,目的性强。不要小瞧自己,不要行动过于迅速。三思而后行。
>
> 阿普里尔·米勒·博伊斯
> 美驰公司(Meritor, Inc.)法律总顾问

思考一下
- 如何培养自己的领袖气质,成为办公室女王?
- 如何打造个人品牌?

气场是能看得见的。她气场很强,能毫不费力就镇住整个场面。这当然不仅仅源于她的穿戴,不过她的确始终穿着考究,真正重要的是她的自信、她说话的方式,以及她的举止。我们都曾遇到过这种女性,她们能在众人中脱颖而出,一露面你就会注意到她们。她们能成为办公室女王,拥有领袖气质。

在本章中,我们将探讨领袖气质及其重要性,但我们还将进一步提出自己的观点。领袖气质至关重要,但要真正地能发挥该气质,还必须对自身有一定的认识,懂得自身的价值观(参见第1章)和自己真正看重的东西(参见第2章),而这些我们统称为个人品牌。

培养领袖气质

什么叫领袖气质?在《让世界看见你》(*Executive Presence: The Missing Link Between Merit and Success*)一书中,作者西尔维娅·安·休利特(Silvia Ann Hewlett)认为领袖气质有三大特性:稳重气势(gravitas,行为举止)、沟通(communication,言谈措辞)和外表(appearance,穿着打扮)。她在撰写该书前采访了近300位高管,他们都认为稳重气势在那三个"基本要求"中最为重要。

稳重气势:行为举止具有领导风范

如果问领导者稳重气势是什么,可能会得到五花八门的答案,他们可能会说"可靠""严肃""在压力之下依然泰然自若"等。韦氏词典中对"gravitas"这个词的定义是"(从个人的举止或待人接物中流露出的)庄重"。休利特在撰写《让世界看见你》时所调查过的高管们认为,"稳重气势"有三个最大的特征:自信和"临危不惧"、果断和

"敢于发怒",以及诚实和"不畏强权,实事求是"。

顾问彼得·托尼斯(Peter Thonis)如此形容自己极其仰慕的一位前上司:"这位高管相当杰出。她从容淡定,很有魅力,考虑周到,而且永远不会惊慌失措。"但彼得(和其他同事)为什么对她印象深刻?是因为她的大胆无畏。"她会走进任何一个人的办公室,告诉对方他们必须听的一些话。"她以直率而闻名,说话不管好听与否,该说就说。当你流露出稳重的气势,人们就会听你的。大家会认真对待你的观点,你的影响力也会扩大。

那么该如何培养稳重的气势呢?做足功课。你是否因为自己的观点是立足于数据、证据或其他客观事实而立场坚定?或者你有时在信息不全时会"临场发挥"?稳重的女性说话非常自信,因为她们对自己要说的内容了解透彻。如有必要,她们也不害怕站到对立的角度去发言。她们还拥有出色的情商,会根据他人的需求去积极地进行调整,这也意味着她们懂得根据受众及其动机来调整自己的表达方式。

沟通:言谈中流露出自信

拥有强大领袖气质的女性天生就是善于沟通的人。休利特的研究显示,高超的语言表达技巧、掌控局面的能力,以及充分的自信是出色沟通者最重要的特征。你是否曾经参加过某次重要会议,看到某些发言人因为说话时犹犹豫豫或说话带口头禅("嗯""啊"和"哦")而让听众昏昏欲睡?或许是发言人口音很重,很难听懂。在 2016 年的总统竞选巡回演说过程中,前总统候选人希拉里·克林顿就因为说话时带"气泡音"而常常被批评。气泡音是指在说话时把声调压到最低,说话人的声音听起来像是沙哑的颤声。女性也会因为"升调"（upspeak）而遭人诟病，也就是在每句话快说完时习惯于提高声调，这会让人感觉听起来说话人似乎没把握或者是不熟练。创新领导力中心的研究正逐渐发现，在向风投进行自我推销时，男性和女性创业者说话时的语速和停顿得到的反应不同。男性的语速和停顿频率并不会影响他们是否能争取到风投，但对女性而言，说话速度越快，停顿次数越少，得到风投的概率就越大。研究人员玛丽安·鲁德尔曼、凯蒂亚·费尔南德斯（Katya Fernandez）和德布拉·坎克罗（Debra Cancro）提醒大家注意，他们的研究结果目前仅针对向风投进行推销的人员。

不管公正与否，说话的对象会根据你说话的方式和声音来对你进行判断。和妮科尔见面时，她的活力立马就给我们留下了深刻的印象。在我们的第一次指导课程上，她表示自己曾经在公司内外多次申请高层管理岗位，每次都能过关斩将，杀入最终的角逐，但从来就没有获得过成功。她感觉自己被困死在中层管理岗位上了，成为高层领导的梦想似乎总是遥不可及。究竟是什么情况？从简历来看，妮科尔会是理想的候选人。她在客服领域有超过 17 年的经验，拥有丰富的管理经验，而且也有高等学历。她在面试后常常会请对方提供反馈意见，并且勤勤恳恳地提高和发展自我。妮科尔对自己为什么无法成功应聘感到很茫然。

妮科尔得到的反馈意见中有一点始终不变，即她必须加强自己的领袖气质。但那是什么意思呢？多年来，妮科尔一直在改善自己的职业形象，效果明显，外表看上去优雅得体，但领袖气质并不只是这样。我们注意到妮科尔在说话时带有浓厚的南方乡村口音，有时候很难听懂。她的口音和她时髦优雅的形象放在一起，实在显得怪异。妮科尔

第 9 章　成为气场强大的办公室女王

是美国黑人，我们猜测同事和潜在雇主可能都不太敢告诉她那重要的一点，担心会冒犯她。美国的职场喜欢提起诉讼，所以专业人士对自己的行为和言语尤其谨慎，担心会造成误解或歧视。因此有色人种专业人士（比如妮科尔）可能无法得到同僚们直率的反馈意见，而那些意见本可以帮助她们在特定领域进行改变和获得发展。

我们建议她请一位发音老师，帮助她改变措辞方式和演说技巧，但不建议她完全消除自己的南方口音。我们会对妮科尔进行分析，确保她对我们的建议不反感，我们不希望她认为要想成功就必须听起来或看上去成为其他人。我们分析了她的口音会如何影响到她自己想要争取的职业发展。她得出结论，如果对措辞方式和演说技巧稍加调整，可能会让她显得更加职业。在几个月的时间里，她在发音老师的指导下录下自己的话，听听自己的声音的效果。她的努力获得了回报，在下一次新工作的面试中，她不仅仅杀入了最终的选拔，而且成功争取到了该职位！

从妮科尔的例子我们可以清楚看到，沟通对个人的职业生涯会有微妙的影响，也有着不那么微妙的影响。创新领导力中心 CEO 约翰·瑞恩在美国海军服役期间、在担任纽约州立大学校长期间，以及在创新领导力中心工作期间曾经与数千位男性和女性合作过。这些经历告诉他："在职业发展初期，当你有 30 或 50 位同级的同事，如果你在沟通中不能表现出积极的态度、充沛的活力和浓厚的兴趣，你就无法脱颖而出，也无法往上走。"

如何确定自身的沟通方式能很好地帮到你自己呢？对于职场新人来说，在可以信任的同事前练习做汇报，请他们给你提意见和建议，请他们向你抛出在进行汇报的过程中可能遇到的尖锐问题，定期借助汇报和媒体培训来帮助自己提高那些需要些许帮助或希望得到改进的领域。

我们辅导的多位女性都害怕在会议上发言。"我要如何克服在会议上不敢发言的毛病呢？"这是我们在演讲中常常被问到的问题之一。如果你也存在这个问题，那并不是特例，想解决这个问题的人也不止你一个。医院退休 CEO 蒂姆·赖斯曾经与众多优秀的女性共事过，他分享了其高管队伍中一位女性的故事。这位女性不打眼，说话气势也弱，在"谈话中会保持沉默。两个小时后她会来到我办公室说，'我在会议上没有说这件事情，但我想说的是……'从那以后，我会在会议上点她名说，'我觉得你有话要说，我想听听看。这里说话很方便，你可以大声说出来。'我的团队有 6 到 10 名这类人，我花了大量的时间去理解他们的风格和优势。在进行讨论时，我希望确保观点足够多样化，为此我要主动去问那些不太爱发言的人，避免对话完全被房间里那些说话积极主动的人所控制。"从这个例子来看，要克服自己在会议上不愿发言的毛病，方法之一就是在团队里或讨论中找一个影响力更大的人，请他在你安静不说话时直接邀请你发言。只有参与到对话中去，你才能成为"办公室女王"。

未来主义者鲍勃·约翰森告诉我们要勇于去面对自己的恐惧，也就是他所说的"自愿暴露在恐惧中"。这样做的次数越多，我们的恐惧就会越少，面对类似情况就越善于应对。针对害怕在会议上发言这件事情，一个简单的办法就是先了解会议议程安排，预先准备好部分话题。想想如何对此前的意见进行强调或加以展开。而且要牢记一点，如果你在会议中只是安静地坐在那里，那你就无法利用自己的知识去帮助组织和同事。你的意见和观察所得可能正是推进某个重大构想、否决某个糟糕的决策，或者是达成某个共识所必需的。千万不要妄自菲薄！

外表：着装和身份相称

通常来说，当我们谈到领袖气质，首先会提到的方面就会有外表。我们在本章中曾经提到，在妮科尔的故事中也看到，领袖气质并不仅仅只是你的外表。即便如此，外表也很重要，而且大家对女性的外表要求相当苛刻（甚至不公正）。休利特针对高管的调查结果显示，女性外表最重要的一点就是"精心装扮""苗条健康，体态迷人"，而且"着装简单时髦，这些可以助你争取到下一份工作"。我们两个觉得有必要在帮助大家打破玻璃天花板的时候讨论一下外表问题，这个想法很让人焦虑。但事实上，外表会影响他人对领导的印象，而如果这些人会影响到你是否能成为成功的领导者，那么他们的印象就是你必须面对的现实之一。

切记，究竟什么是专业且恰当的装扮，标准因行业和文化的不同而不同。如果你从事的是公共关系、广告或传媒这类创意行业，这些行业通常会引领风潮，你在着装上的发挥空间就更大。我们发现拉丁美洲和亚洲高管们的衣着要更加正式和考究，而美国高管们的着装相比更偏休闲。

你想成为顶级餐厅的行政总厨吗？那么整个手臂上都是文身或者身上多个部位打洞可能都没有问题。但在相对保守一点的环境中，这番模样可能就成为你上升路上的绊脚石。如果你所处的是更加保守一点的领域，例如法律或金融，可能会发现自己的着装选择更加有限。但就算如此，你仍然可以在遵守行业着装规范的同时让衣着体现出自己的个性。

考虑用衣着装扮来表现自己的理念和定位。在行业内部找一个榜样加以效仿，但也不要害怕去开辟自己的道路。想想看，你希望给他人留下什么印象？你的衣着应该与自身品牌相匹配。在前面的章节中，我们介绍过初创公司人力资源顾问贾布·戴顿。贾布希望大家不要将她当作传统的人力资源顾问，所以她在着装上也会体现这种理念：昂贵的牛仔裤、清爽的T恤，还有标新立异的鞋子。这番着装非常匹配她所服务的行业。

针对受众来着装

如果你不知道从哪里着手来提升自己的着装和外表，一个好办法就是看看组织内最资深的女性，从她们身上了解组织文化的接受标准，然后从那里着手。

彼得·托尼斯说得更加直率："如果你穿得好像自己要去夜总会一样，你的穿着根本不像高管，他人也就不会把你当高管看待。"一天，一位女性员工找到他说："你觉得我是当总监的料吗？"多数男性并不想搭理这类问题。彼得反问她："39楼的玛丽的穿着怎么样？你从中学到了什么？你必须根据自己打交道的对象来着装。"

我们非常认可彼得的这番话。我们知道，对那些要同客户打交道的岗位来说，比如专业服务或销售岗位，外表尤其重要。你代表着整个公司，而大家会根据你在雇主或客户面前的表现来（公开或默默地）进行判断。如果公司领导层不认可你的外表（和说话方式），你的职业发展机会就会相当有限。这些话可能听起来有点刺耳，但现实就是如此。

第 9 章 成为气场强大的办公室女王

蒂姆·赖斯是一位退休 CEO。他曾经针对外表对与自己共事的部分女性进行过指导。"我曾经劝过部分女性着装要恰当,不要让外表看起来显得不专业。但我常常会请另一位女性来将我的想法进行转告,因为让我走到某位年轻女士身边说她穿得太过性感,不适合办公室环境,这样做似乎不太妥当。我觉得应该由其他女性来做出这番判断。"

不管是在哪个行业,对任何职场女性来说,好好收拾自己都是必需的。想想看,你要怎么做才能让人看上去和感觉你就是最出色的那一个呢?你可能很少打理自己,只是定期去剪个头发,染个颜色,或者你更像我(波西亚)。我对美容很着迷,喜欢去美甲和修脚,也常常会去做头发。关键在于你应该做自己该做的事情,让自己留给他人的印象与你自身的价值和职场发展目标保持一致,让你感觉现在的你就是最好的自己。

注意体重

在讨论外表时还必须针对体重说几句。我们所辅导过的众多女性客户在人生的某个阶段都曾经烦恼过体重问题。肥胖人士会遇到严重的歧视,这点让人很遗憾,但的确也是事实。我们在本节内容开始时就已经承认,女性的外表会被人苛求。就算这种苛求不公平,但尽可能保持苗条和健康,这其实也是为了自己好,这样不仅能拥有出众的外表,而且能拥有健康的身体。如果你目前还没有找到健康的生活方式,请回头读读第 6 章。

不管你的健康体重应该在哪个范围之内,请确保你的外表形象与自己想留给他人的印象是一致的。问问自己,你想留给他人什么样的印象?我的外表形象是否与我的目标相符?我的领袖气质是否有哪些方面阻碍了我的发展?

提升自己的形象

只要对自己的外表稍做调整,你给他人的印象就会发生巨大的改观,当然,前提是你愿意那样做。以下就是几个小建议。

抽时间定期收拾一下自己。通常人们最注意的是一些细节问题,所以花时间来剪剪指甲。如果染过发的话,再换个新发色,修剪一下头发。只要在自己身上花一点时间,你的感觉会好很多。

找裁缝和造型师为自己服务。你可能请不起私人造型师,但线上穿搭订阅服务可以让你不用花太多钱就能享受到造型师的服务,而且这些订阅内容可以直接发送到家中或办公室!充分利用高端百货商店里免费的穿搭咨询服务。如果你难以确定个人风格,或者只是想要稍微调整一下自己的形象,让自身形象能更加符合自己当前的状况,那么花几个小时找位造型师,请他/她调整一下你的衣柜,给你搭配几套衣服,让你可以参考,这将让你受益匪浅。出色的裁缝甚至可以为你提供非常合身的平价定制服装。

抽时间进行锻炼。这不仅对你身体好,而且能让你更有自信,这种自信将会自然流露出来。我们所采访的高管都严格遵循健身计划。坚持锻炼就是一种消除压力和疾病风险的保险,能提升你的幸福感,增强体质。对自己进行投资吧。

专横

领袖气质有一点就是要坚定自信,对自己的语言和行为充满信心。

不过如果过于强调这种力量，女性会听到别人说她是"专横的"。2014年，谢里尔·桑德伯格（Sheryl Sandberg）和安娜·玛丽亚·查维斯（Anna Maria Chavez）同她们所领导的 LeanIn 基金会和美国女童军组织（Girl Scouts）[①]一起，发起了一场名为"不要'专横'"（Ban Bossy）的运动，该运动旨在禁止用"专横"这个词语来描述女性的领导行为，鼓励女孩们勇于担任领导者。"不要'专横'"运动的网站上写着："当小男孩坚持自己的意见时，人们会说他是'领导者'。但当小女孩这样做时，就可能会被贴上'专横'的标签。'专横'这种词语向人们传递了一个信息：不要举手，不要发言。到中学时，女孩们成为领导者的兴趣低于男孩，这种趋势会一直持续到成年之后。我们要携起手来，鼓励女孩勇于站出来领导大家。"

创新领导力中心的同事凯瑟琳·克勒金（Cathleen Clerkin）、克里斯蒂娜·克伦博赫（Christine Crumbacher）、茱莉娅·费尔南多（Julia Fernando）和比尔·金特里设计了一套实证研究，旨在了解究竟要如何定义在职场中针对女性所使用的"专横"一词。他们调查了 100 位男性和 101 位女性，了解被调查者在职场上遇到的关于"专横"的经历。调查归纳出六种"专横"的行为：

- 专横的人会控制他人，发号施令；
- 专横的人会罔顾他人的观点；
- 专横的人待人粗鲁，咄咄逼人；
- 专横的人管得细，会规定具体的行为（例如确切地规定某件事情应该何时做或如何做）；

[①] 女童军是风行美国学校的课外组织，也是美国最大的女孩团体之一，家喻户晓。——译者注

- 专横的人看重权力、权威性和地位；
- 专横的人与人打交道时带有一定的攻击性。

所有这些描述都和我们所提到的"成为气场强大的办公室女王"南辕北辙。我们所说的"成为办公室女王"是指要坚定自信。我们的同事指出，"坚定自信"这个词语在201位被调查者的描述中仅仅出现过两次，而且被调查者只是在用"坚定自信"这个词语来描述他人没有能很好地做到这一点。所以我们同事得出的第一个结论就是："专横"与"坚定自信"无关。但在职场里，被批"专横"的女性（33%）是男性（17%）的两倍。尽管被调查者表示，男性和女性如果给他人留下专横的印象，可能声誉会受到影响。相比专横的男性同事，专横的女性同事通常人缘更差，未来在职业发展上获得成功的概率也更低。

掌握这些信息后，我们的同事分析了创新领导力中心庞大的经理人360度调查基准数据库，以了解女性在职场是否表现得比男性更加专横，以及女性的行为是否会影响到她们的晋升机会。你知道他们的分析得出了什么结论吗？可能分析结果一点都不会让你吃惊：在经理人、同级和直接上司对女性的评估中，女性在职场中的"专横"程度和男性相当。所以尽管被批为"专横"的女性是男性的两倍，事实上她们表现出的"专横"行为并没有比男性多。当男性或女性被人认为"专横"时，经理人通常会看低他们的晋升潜力，而女性的提拔机会甚至比男性还低。

为什么在讨论要做"办公室女王"时还搬出这份研究呢？因为坚定自信和领袖气质可能会被他人贴上"专横"的标签。但在我们的研究中，所谓专横的行为是指一些糟糕的领导和人际关系处理技能，而不是积极的领袖气质。在培养自身的稳重气势、沟通技巧、外表和个人品牌的时候，切记你绝对可以做一个完全不专横的、强大的女性。

个人品牌

不管留意与否，我们每个人都有自己的品牌。例如，莉莉是一位出色的招聘经理。她有着惊人的第六感，能够从合适的应聘候选人中挑选出非常出色的人选。她的这项技能众所周知，常常被邀请加入跨职能的招聘团队，但她的技能并不局限于此。莉莉也非常善于对新员工进行培训，让他们能快速适应新岗位，并常常在不到一年的时间里就能获得提拔。这些技能是莉莉个人品牌的一部分，人们知晓她的品牌，大家也知道她会展现出什么样的能力。莉莉的这些技能不是凭空得来的。她发现自己有招聘年轻领导者的天赋，也学习了如何去发现和保留才华横溢的人员，她还拥有成人教育专业的学位，这些能帮助她高效地开发培训项目。莉莉以这些为起点，积极地树立自己的个人品牌。

个人品牌就是你会如何进行领导，以及你会通过哪些独特的方式来传递自己的价值观。第 1 章和第 2 章分别探讨了追求和能动性，这些是了解自身价值观、设定自身追求、拥有自我认识和发挥主观能动性的关键，用这些章节传授给你的知识来树立自己的个人品牌。

个人品牌可以让你有别于其他领导者。个人品牌就是你在工作中所做出的承诺，也是你会信守的承诺。个人生活和职场里有很多事情是难以控制的，但你可以控制自己的品牌。所以问问自己："我希望当我不在场时，他人会怎么评价我呢？"

公司董事、创业者、企业高管万斯·汤（Vance Tang）这样说：

"作为领导者，我深思过我的个人品牌，思考哪些行为比较合适，哪些行为又有悖于我的个人品牌。我对女性的建议和我给男性的建议完全一样。认真思考自己希望给他人留下什么样的印象，这点非常重要。如果不去好好考虑这个问题，那就大错特错了。"不管是男性还是女性，在个人品牌上都必须持积极的态度。万斯·汤认为，品牌就是他人可以从你身上得到的承诺。"他人和我打交道时，我希望他们清楚自己会面对什么样的人。我不想他们觉得有时候打交道的是个疯子，有时候又是个冷静的人。我希望他们觉得我是一个诚实正直的人，我说过的话就要做到。那就是我个人品牌的一部分。"

充分发挥自身品牌：社交媒体因素

不要低估网上个人资料的重要性。想想看，在认识新人后，你会马上做什么？你是否会登录领英（LinkedIn）网站查看他们的资料，或者是直接在谷歌上面搜索？很多人会这样做，可能多得超乎你的想象。那人有博客吗？她在 Twitter 或 Facebook 上说了什么？她在 Instagram 网站上传了什么照片？网上个人资料是一场公平的游戏？它就像是一个公共广场，任何人（包括未来的雇主）都可以到那里去查看，去判断你是什么样的人。

在社交媒体诞生的早期，人们还可以将个人生活与自己在网上关于职业方面的资料完全区分开，但现在已经不可能了。坦率来说，至少对千禧一代和更年轻的一代人来说，你无法将生活完全分成几个部分。在管理社交媒体资料的时候，应该像管理自身职业形象一样小心谨慎，因为那就是你现实生活中的形象。很多经理人和领导者已经因为向自己的"私密"Facebook 上传某些内容而引发众怒。他们上传的内容被病毒式传播，有时候会让人尴尬，甚至会导致职业生涯的终结。不要让这种情况发生在自己身上，不要想着你在网上的行为会是一种隐私。好消息是，社交媒体会是一种提升个人品牌的绝佳（且平价的）方法。在我（波西亚）与大卫·霍思（David Horth）和林恩·米勒（Lynn Miller）合著的《领导品牌》（*Leadership Brand*）一书中，我们介绍了部分这方面的小技巧。

评估自己的线上品牌

你在网上的个人资料让人感觉你是哪种人？尽管有无数的专业服务可以帮助你管理自己在网上的形象，但你也可以自己动手。在各大主要的搜索引擎上输入自己的姓名进行搜索，会出现哪些图片或文章？有没有让你大吃一惊的东西？哪些是你想改变的？

在了解了网上个人资料让人感觉你是哪种人后，采取行动对资料加以管理。首先，想想你希望这些资料可以为你树立什么样的形象，想想你有哪些独特的贡献，这是你在第 1 章中已经分析过的问题。你在网上的个人资料会支持你的这种观点，还是会有悖于你的观点？

看看你所钦佩的那些人的网上个人资料，以其为榜样。那些网上个人资料是如何树立他们的形象的？其他人对他们有何看法？他们最在乎什么？你最在乎什么？你要如何来树立自己在网上的品牌，突显自己的兴趣点和才华，重点展示对自己而言最有意义的内容？每次在网上发表内容都是树立自身品牌的一个机会。

参与社交活动

在当今社会里，社交媒体不是用用就好了，而是生活必需品。要利用社交媒体，最好的起点就是领英。确保自己使用的照片是近期拍摄的，而且个人资料都是最新的。领英是全球专业人士使用最多的一个平台，所以值得你花些时间去确保自己的资料能准确反映当前的状况。领英也提供众多免费的指导服务，帮助你最大限度利用该社交网络。

想进一步利用社交媒体？如果想要树立一定的声誉（你的品牌），可在专业组织内寻找发表演说或发布文字的机会。很多专业人士会建立并管理自己的博客，在博客上就自己感兴趣的内容发表观点。不要忘记自身公司的宣传渠道，联系公司的宣传团队，看看他们是否正在为即将举行的活动、贸易展览或媒体采访寻找博客帖子或专家发言。你有大量的机会可以去打造自己的社交媒体资料，并且利用这些资料来扩大自己的品牌影响力。请充分发挥这些渠道的作用。

生活中有很多事情完全不在我们的控制范围之内，但个人品牌是可以去积极树立的。问问自己："我希望人们在我不在场的时候怎么评价我呢？"不管是否意识到，你都会有个人品牌，而且是否能充分利用该品牌完全取决于你自己。你每天做出选择的时候其实就是在树立自己的品牌，你接受或拒绝某些事情时都是在展现自己的品牌，品牌同你的价值观和追求是密切相连的。当你清楚知道自己是谁和自己想要变成谁，并且以此来树立自己的品牌时，你就完完全全可以成为气场强大的办公室女王！

值得反思的问题

现在你已经懂得个人品牌相当重要的个中缘由，也是时候为了自己将所学的真正地用起来。

你最喜欢哪个品牌？可以是某种服务、产品或生活方式等。请拿出你的笔记本，想想下面这些问题：

- 该品牌持续向我传递了哪些有意义的价值观？
- 我为什么喜欢该品牌？
- 我对该品牌的忠诚度为什么高于其他品牌？

现在再将自己的思考所得用到个人品牌上，你希望能树立一个自己喜欢的品牌。想想看：个人品牌能为你创造机会，但同样也会限制你去获取自己想要的机会，或者是那些能让你充分发挥潜能的机会。所以在定义自身品牌时必须小心谨慎，不要让其他人不考虑你的意见就直接来决定你的个人品牌。

在笔记本上回答下列问题时，请再回看一下第1章，看看当时你列出的那些重要的价值观。个人品牌应该同价值观保持一致，而且能彰显你众所周知的一些特征。

- 我当前的角色是什么？我在这个岗位已经工作多久了？
- 我所掌握的与该岗位相关的知识和技能有多么丰富和精湛？
- 他人对我的知识和技能水平有何看法？如果你不知道答案，可以去问问几个信得过的同事，甚至可以去问问你的老板，请他们给出真实的答案。
- 我在当前的岗位上擅长哪些方面？
- 我希望能够在哪些领域获得发展？
- 这些发展会涉及新的知识、技能或其他方面吗？
- 360度评估的反馈工具或个性评估等是否为我提供了真实的数据，让我可以对自身优势和有待提高的领域有更深层次的认识？如果没有此类数据，组织是否能安排对我进行一次正式评估？
- 人们会使用什么词语来形容我？为什么？
- 我会使用什么词语来形容我自己？为什么？
- 我是否对自己实现个人生活目标和事业发展目标的能力满意？
- 如果用 1 到 10 来打分，1 表示"完全不满意"，10 表示"完全符合我对自身品牌的期望"，那么我会给自己打多少分？

在完成上面练习后，你应该也可以回答下列问题了：
- 我可以传递哪些价值观，提供哪些他人所无法提供的独特技能？
- 我希望自己因为什么而为人所知？

不要忘记，个人品牌可以立足于自己的雄心壮志。我们都是在不断发展进步的，个人品牌的某些方面可能并不完全符合当下的情况，但切合你自己的发展目标。那也没有问题，因为优秀的品牌都是立足于部分事实（你当前能做到的事情）、能力范围（你可以做到，但必须付出一些努力）和挑战性目标（需要付出大量的努力才能实现）。你也应该知道，挑战性目标就是你越努力，获得的发展就越大。

个人品牌宣言

现在，你已经确定自己的个人品牌了，请动手撰写自己的品牌宣言。品牌宣言就是你的个人标签。下面以我（波西亚）的品牌宣言为例：

> 我是一位战略家，一位协作型的领导者。我勇敢顽强，我会带领团队解决棘手的问题。我做任何事情都可以创造正能量。

将你的品牌宣言放在某个显眼的地方，让你天天都能看到。

第 9 章　成为气场强大的办公室女王

使用个人品牌来过滤自己要做的事情，用它来指导自己决定哪些事情可做，哪些不能做，哪些项目和计划能够支持你的品牌，值得你去参与，哪些不能。有效的品牌是天天都能去维护和培养的。你希望为自己树立什么样的声誉？对会损坏个人品牌的行为，即那些不能维护或提升自身声誉的行为加以限制，你的品牌也会随着个人发展和职业变化而不断演变。

请在你的笔记本上写下对下面这些问题的思考。

- 我在领袖气质的哪些方面做得很好？我希望未来继续如此吗？
- 我现在可以做什么来提升自己的领袖气质？请列举一件事。
- 我对个人品牌有何领悟？个人品牌现在对我的帮助有多大？

CHAPTER TEN

第 10 章

将爱传递

你现在的样子就很好。做让自己开心的事情，不要总是按他人的期望去做。追求自己喜欢的事情也挺好。

凯西亚·托马斯

佐治亚大学（University of Georgia）高级副院长

思考一下

- 阻碍女孩将自己视为领导者的一些因素。
- 克服那些障碍的部分方法。
- 我们可以做些什么来提高下一代女性的领导力。

将爱传递，这是我们为下一代女孩们改变世界采用的方法。

《她力量》的前九章教大家如何提升自己的领导力发展速度。本章则是请大家去想想下一代女性领导者，去重点关注我们要如何来重新定义领导力，让更多年轻女孩们将自己视为领导者。

2017年，创新领导力中心在中国、印度、新加坡和美国这四个国家筹建了6个女性领导力创新实验室（Women's Leadership Innovation Labs）。这些实验室吸引了近250人，其中多数都是职场女性，但也有部分男性，这些男性有志于改善全球妇女和女孩的领导环境。针对这些参与者，我们提出了一个问题：你们是如何定义领导力的？

我们通过两种方式向参与者提出了这个问题。首先，我们请他们思考，如果要对领导力这个词语进行重新定义，让这个词语在性别方面更加中性化，他们会希望删除哪些关于领导力的形容词。接着，我们请他们思考更希望使用哪些素质和经验来定义领导力这个词语。大家文化背景不同，但答案相当统一。他们告诉我们，最希望让"领导力"与下列特征脱钩：

- 身体特征，例如年龄、性别和魅力；
- "领导始终是正确的"的观点；
- 力量方面的特征，例如支配欲强、咄咄逼人和说话大声；
- 认为领导者不能带有任何情绪；
- 相信领导者必须拥有特定的个性类型；
- 认为领导者必须加班加点，为了工作牺牲家庭。

他们希望大家在想到领导者时就会想到下列特征：

- 集体特征,例如立足团队、具有包容心以及善于协作;
- 情商高,例如有同理心、坚韧不拔,而且真诚可靠;
- 出色的商业能力,例如商业头脑、培养人才的能力以及实现目标的能力;
- 出色的软技能,例如倾听、赋权和同情心;
- 创新、解决问题和搭建关系网的能力。

下面是一个有趣的小练习:请上网搜索"经理人"这个词语的相关图片,然后搜索"领导者",再搜索"首席执行官"。这些图片有什么特征?在搜索这些词语时,我们看到图片中显示的都是男性。

假设你是一个小女孩,正在搜索这些图片。如果与"领导者"相关的图片显示的都是男性,而且在定义"领导者"时所使用的词语都偏男性化,你会认为领导者是什么样的呢?

从四年级开始,女孩们就不再像男孩那样常常将自己当作领导者了。我们有理由担心,在这些女孩们长大进入职场后,领导者梯队里的女性将会逐渐缺失。可事实上,这种女性领导者缺失的情况在很早之前就已经开始了。为了解决领导者梯队的问题,我们也必须去关注女孩们的领导思维和领导能力得不到培养和发展的问题。创新领导力中心收集了美国某州内10所公立学校的数据,该地区非常注重培养男孩和女孩的领导能力。我们看到男孩和女孩们在五年级、八年级和十二年级时认为自己是领导者的情况基本上没有差异。从四年级到八年级,男孩和女孩对自身领导力的信心都略有下滑,但到十二年级的时候又再次得到提高。这些结果让人非常兴奋。当障碍被打破,男孩和女孩都认为自己可以做领导者。

障碍物

哪些因素会导致女孩们的发展方向偏离领导梯队呢？针对这种情况，你可以做些什么呢？我们猜测，根据前面九章的学习，你心里已经有一些自己的想法了。我们先来讨论一下是哪些因素导致女孩们不把自己当作领导者。

你很专横

女性在职场相对男性而言更常被人批评"专横"（参见第9章），女孩们也有这种经历。我们两人都还记得，当我们想让他人做一些在我们看来必须完成的事情时，比如整理大家的玩具，在学校里搭档完成学习任务，或者是玩游戏，我们就会被人批评"专横"。你们中有多少人还记得自己小时候曾经听到别人说过："你又不是我的老板！""不要那么专横！"我们记得很小的时候就听过这些话，可能是六七岁的时候。听到这些话后，你是怎么做的？你是否像多数女孩一样，就因为不想被人批评专横，或者是害怕朋友们讨厌自己而放弃了自己本来想做的事情？你不想被贴上"专横的女孩"这个标签。那一刻，你觉得做出这个选择是为了自己好，可事实上，你是在放弃领导者的身份。组织一群朋友或兄弟姐妹来做某件事情，这也是一种领导，可以让孩子们有机会去承担更大的责任，为未来成为领导者奠定基础。

我（珍妮弗）还记得丈夫和我一起参加了大女儿莎拉的第一次家长会。吉姆和我一起同莎拉的幼儿园老师见面，暂且将幼儿园老师称为S太太吧。我们都很喜欢S太太，她是一位经验丰富的专业人士，教我们要如何做学龄期孩子的父母。我的孩子们尚在襁褓中时就被送去日托所，他们一直是在教室里同其他孩子一起长大的，因此上幼儿园对莎拉来说并不是什么大冲击。第一次与 S 太太碰面时，她说："莎拉喜欢领导其他人，对吧？"

不瞒大家说，当时家里有两个孩子，莎拉是老大，还有很多堂兄妹就住在附近，所以她常常被要求帮把手，做些她那个年龄能做的事情，她也已经习惯于帮大人做事。但听到那个问题后，我第一反应是问老师："您是觉得她很专横吗？"一直到现在，我仍然为自己当初的反应而懊恼不已。幸运的是，S 太太做出了否定的回答。她早就已经在用言行教导我们！她告诉我们，莎拉只是喜欢让他人做在她看来应该做的事情。S 太太的确给了一些建议，她告诉我们如何让莎拉继续以更合适的方式做领导者，以便让其他孩子更能接受她，但她没有去阻止莎拉进行领导。在当时，她给我们在如何为人父母和如何成为领导者方面上了非常重要的一课。

如果你家也有小女孩，你会认为她的领导行为是一种天赋，希望能加以培养，还是会（甚至无意间）加以压制呢？

我不能那样做

除了要应付"专横"这个标签外，女孩们在年幼时也会对自身能力丧失信心。2017 年的一份研究显示，六岁的女孩已经更加倾向于认为男性"非常聪明"，六岁的男性也更倾向于认为男性"非常聪明"。研究人员接着邀请男孩和女孩一起玩游戏，让他们选择是玩适合"非常聪明"的孩子玩的游戏，还是适合"非常努力"的孩子玩的游戏。女孩们一般倾向于选择后面一种游戏，而男孩们则无所谓。研究人员猜测，如果多年里一再出现这种情况，女孩们也始终选择放弃那些需要聪明才智的机会，那这可能会导致她们认为自己在特定的行业或岗位上不能胜出。技术领域的女性要比男性少，你觉得个中原因是什么呢？

达娜·博恩是美国退役空军准将，目前在大学任教。她小时候曾经认为自己不够聪明，在个人发展上赶不上自己的兄弟姐妹，难以完成学习和体育任务，而且在学习新事物上也存在困难。幸运的是，她母亲当时是作业疗法研究生院的在读学生。母亲注意到了她当时的问题，让达娜接受了治疗。"我在上幼儿园前就已经被贴上了'学习障碍者'的标签，"达娜说，"母亲很担心这点，所以让我参加了一次夏令营。夏令营里有两位导师对我的大脑进行了训练。那次夏令营彻底改变了我。夏令营之后，我还是落后很多，仍然需要大量的努力来树立信心，但也就是从那时起，我开始逐渐树立了自己的职业道德和谦虚本性。我知道，如果没有那些干预，我可能会走上一条截然不同的道路。现在回头看那段经历，我明白只要你加以注意，只要你留心去支持，认为他人能做得更好，他们就可以做得比自己预料的好。"

如果不断告诉女孩们"男孩强大，女孩弱小"，女孩们的自信心会被动摇，而这种情况在全球各地都存在。研究人员对 15 个国家的男孩、女孩和其父母进行了调查，发现女孩们常常被告知她们容易受到伤害，她们的身体会成为他人的侵害目标，所以她们要穿得严严实实，远离男孩们。因此为了保护自己，女孩们会远离她们所在的社区，远离外面的世界，只守着自己的家人朋友。而男孩们则被告知要强大，要扮演侵略者的角色，他们在成长过程中享受到的自由比女孩多，而女孩们的行动总是受到更多限制。但请小心，这种自由和自信心对男孩们来说不一定就是好事。男孩们面临的身体风险要比女孩们大，他们因此更容易受伤和夭折。

毕马威公司（KPMG）的研究发现，在3000位接受调查的女性专业人士和女大学生中，86%的人曾被教导要"对他人友善一点"，在学校要好好学习，但只有不到一半的人曾经被传授过重要的领导知识。在你的个人经历中，你被教导要友善的次数比被告知应该去领导他人的次数多多少呢？你的经历是否同毕马威公司的研究结果一致呢？

我到哪里去做领导者

女孩们在学习如何领导他人和如何适应领导者角色时，另一个障碍就是她们没有机会去加以实践。学校会是男孩和女孩们有机会担任领导者的主要场所，比如在班级合唱中、在步行去吃午餐或去操场时、在集体项目中等各种负责组织和领导的场景。在全球，多数文化都更加看重男孩们的教育，学校内外的教育都被视为在帮助男孩们打基础，做好将来成为一家之主、在组织内发挥巨大效力，以及成为高生产力的社会成员的准备。在众多文化中，在许多国家，女孩们面临着相同的境遇，那就是在一些贫困地区，或者在一些认为女孩无须接受教育的地区，女孩们并没有得到类似的机会。就算社会认为女孩也应该接受教育，她们仍然可能不会有和男孩一样的机会，能够成为领导者，将所学付诸实践，原因就在于当地对领导者应该是什么样存在一定的传统看法。

陶琼曾经在企业担任法律顾问，目前是战略合作经理。她还记得自己是在五年级还是六年级的时候就开始觉得自己可以成为领导者。"我感觉自己是班上比较聪明的学生之一，而且我为此感到很骄傲。此后到初中时，因为成绩很好，在辩论小组的表现也不错，那种感觉就变得更加强烈。我希望能竞选学生会的主席。那个时候杰拉尔丁·费拉罗（Geraldine Ferraro）正在竞选美国副总统，所以我有了一个公众人物榜样。但我暗恋的对象也想竞选主席，他说我应该竞选副主席，或许他觉得我可能更喜欢和他一起并肩作战，而不是一决高低。此外，他完全符合男性学生会主席的形象，他'看上去就像个学生会主席'，我知道自己在这点上没法和他竞争，所以我竞选了副主席，并且取得了成功。此后我想，'老天，我比他更有资格当主席！'不过我的这种情况很典型，对吧？我知道，我如果做学生会主席会比他更出色。次年，我和他同台比拼，但票数上略低于他，最终败北，就连我的一些好朋友，包括闺蜜们都将票投给了他。我当时很震惊。我突然意识到，人们还无法想象女性是可以担任他们的领导者的。"

女孩们也有机会在其他有组织的场景里担任领导者，例如俱乐部和小组。全球有众多优秀的群体和组织旨在培养女孩们，我们将在下一节内容里再进行介绍。但仍然还有很多地方的女孩们无法参加那些群体和组织，就算在机会充足的发达国家，很多女孩们也会因为众多原因无法参与，例如贫困、交通不便、父母或监护人缺乏这方面的意识，甚至是文化信仰和惯例。

简·卡普斯的故事让我们看到了课堂外面的领导机会。

> 我从未想过自己会成为领导者，也从没想过能成为问题的解决者。我20世纪70年代在北卡罗来纳州的威尔明顿市长大，当时高中和社会上都还存在种族冲突。我在高年级时是啦啦队的队长，我们一共有九名白人啦啦队成员，还有一位黑人成员，我们希望能够招募更多黑人啦啦队成员，觉得这是解决种族冲突的一种方法。在取得成功之后，市议会请我们作为学校的领袖人物介绍我们所采取的方法，以供其他学校借鉴。

第 10 章
将爱传递

他们看上去和我不一样

假设你是一个 10 岁的孩子，生活在 2000 年的美国。你在学校了解到美国所有的总统都是白人。你是个孩子，不怎么懂政治体系，不知道怎么样才可以成为总统，也不了解公共服务领域里的其他男性和女性究竟有哪些人（那些人呈现出的多元化远远高于总统们），你从未见过女性或男性有色人种竞选总统。如果你是那个女孩，或者是有色人种，当老师问班上同学谁觉得自己将来能成为美国总统时，你会举手吗？很可能不会。更常见的是男孩们（尤其是白人男孩）会举手，因为他们看到过和自己一样的人出任总统。

无论对职场女性还是对女孩们来说，榜样都非常重要。女孩们正在慢慢地认识自我，树立自己的理想。榜样能够让她们明白自己将来也可以成为那样的人，除非孩子们的生活中有非常杰出的成人，能够帮助他们克服缺少榜样的影响，否则在思考自己"长大"后想干什么的时候，她们的思维就会有局限。

凯西亚·托马斯小学大部分时间上的是全黑人的天主教学校。四年级时，全家人搬到了该州的另一个地区。从那个时候开始，她开始慢慢了解到种族问题。她搬入的社区里 95% 都是白人，以及第一代和第二代移民家庭。"在快走到教室时，我听到新班主任对孩子们说，会有一位新同学加入他们，但这位新同学有点不一样，"凯西亚说，"我还记得自己当时心想，'什么？我不一样？'"但凯西亚慢慢意识到，在新社区里没有几个像她这样的黑人能够成为她年幼时的领导者榜样。直到获得博士学位并开始从事自己的第一份工作后，她才开始认为自己可以成为领导者。

解决方法

本书读到现在，我们希望大家已经跃跃欲试，愿意为女孩和年轻女性做点什么来改变这种情况。在某个女孩即将踏上自己的领导旅程时，你可能是关键人物。我们从采访对象和自身经历中总结了部分方法，可以帮助大家将关爱传递下去。方法并不是只有这些，我们希望大家能够去寻找既有的机会，或者在社区里创造新的机会。

父母和监护人

父母和监护人是女孩们的第一位老师。我们所交流过的男性和女性都热情地分享了他们的故事，以及他们给女孩和年轻女性的父母们的建议。例如，迈克尔·麦卡菲表示，他了解到女孩们在年纪尚小时就选择放弃领导者的身份，而要早早培养女孩们的领导意识，就必须让女孩们学习数学、科学，参加体育运动。他觉得了解这些情况是非常有用的。他现在鼓励家长们"尽可能早地创造合适的条件，让女儿们可以体验失败，让她们懂得失败不是世界末日，帮助她们去现实世界里检验一下自己的决心。你不能到20岁了还从未经历过这些。"迈克尔强调，女孩们应该体会一下学习之外的成功和失败。"女孩们不仅仅只是要做个好学生，"他说，"就算在最好的学校接受了最好的教育，仍然可能无法成为优秀的领导者。学习成绩只是成为优秀领导者的一个方面。如果能够让女孩们早早意识到这点，让她懂得自己能做出什么样的贡献，那就太棒了。那就真的不一样了。"

我们采访过的领导者也给出了下列建议。

- 请信任你的女儿，她的能力超出你对她的期望，她将常常让你感到吃惊。

- 坦诚地告诉女儿,她未来在学校内、运动场上和职场里都将会遇到一些独特的挑战。培养她的能动性,树立任何事情都可能发生的意识,让她懂得命运要靠自己把握,努力将会带来回报。
- 不要表扬她所取得的成果,而是对她的坚持不懈和努力进行赞扬,帮助她总结失败的教训。
- 在女儿性格形成的那些年里,帮助她做好准备,将来能做自己想做的事情(做出自己独特的贡献)。帮助她相信自己可以做想做的事情,做一个真正的女孩,不一定非要像男孩一样去生活。
- 对女儿和对儿子的期望值应该保持相同。让他们做同类型的家务活,冒同样的险,而且要同样努力。
- 让她加入体育运动队,或者是女童军这类组织。她可以从中懂得什么是领导他人,让她成为集体的一部分。

父亲和其他男性也会对女孩的一生产生重要影响。我们的采访进一步确认了苏珊·马德森(Susan Madsen)对家庭环境的研究发现。很多女性成功人士的父亲都曾经教导过她们,允许她们去学习,让她们保持一颗好奇心,鼓励她们提出问题,并且让她们去挑战自我。正如核物理学家阿比尔·阿尔哈比所说的:"我的父亲是阿拉伯语的教育家和作家。我小的时候,他在撰写地理书籍,并且将这些书籍分发给沙特阿拉伯南部地区的人。在撰写那个地区的地理环境的同时,他也在研究那里的形势。他请我协助他一起进行研究。10岁时,我开始分析他的数据,阅读他撰写的书籍。我们会讨论他写的文章,这些影响了我的性格。"

克里斯·厄恩斯特是我们采访过的男性之一,育有一儿一女。他和我们分享了妻子给他上的一课。他从中得到的教训也同样适用于他的女儿，以及他在工作中所领导的女性员工。"每次当妻子给我讲述她遇到的难题时，我一直认为自己要做的就是帮助她解决问题，"克里斯说，"在最近几年里，我发现我要做的其实就是倾听，让对方感觉我已经把她说的话都听进去了，而且也理解她的情况，这样她们才能知道自己下一步要干什么。她们有自己的能动性，也有自己的目标。我发现倾听要比说话更有影响力，我对女儿也是这样做的，这样她就能自己找到解决难题的办法了。"

万斯·汤是我们采访过的另一位男性。他说："我从没想过因女儿是个女孩就要采用不同的养育方法。我希望她学会的第一课就是要诚实。诚实这点决定了她看问题的角度，让她在成年后能与众不同。孩子们都是从我们的一言一行中来学习的。"万斯也建议和孩子们一起外出旅游，拓宽他们的视野。"几乎人人都可以去旅行，就算是在州内旅行也可以。外出旅行越多，他们的视野就越开阔。旅游能培养他们的冒险精神。"

对我们采访过的部分女性来说，她们的母亲或者其他年长的女性打破传统模式，在家里、社区或职场担任领导者，这些榜样的力量也在影响着她们。杨莉明的母亲就是一个例子。"我在新加坡出生和长大，还有两个弟弟。我们家就是工人阶层，既不穷，也完全和富不搭边，我们必须靠努力工作来谋生。我和祖母关系非常亲密，我母亲自学校毕业后就一直在工作，我从未见母亲有歇下来的时候。准确地说，是我的祖母在新加坡将我养大，我在12岁时才回到父母身边和他们一起生活。所以我能够从祖母身上学到很多东西，也能懂得父母是如何辛苦工作来养大我们的。"

导师

全球各地的女孩们有着不同的需求，感兴趣的东西也五花八门，但各种导师能让她们受益良多。当被问到导师问题时，多数女性采访对象都会谈到她们成年后的导师。我们在前文中已经提到过，女孩们会早早就放弃领导者的身份，对自身的领导能力失去信心。鉴于此，导师将能够在女孩们的领导道路上提供重要的支持。导师可以采用非正式的形式，例如邻居、亲戚或老师对女孩进行鼓励，让她接触出色的领导榜样，并且给她机会去冒险，去挑战自我，也可以通过认证的导师项目来提供更加系统化的指导。

女孩团体

我们曾请女性领导力创新实验室的男性和女性想象一下：如果未来的新闻头条、Twitter和博客会纷纷报道组织和政府内领导者性别均等，那么他们认为哪类组织能够帮助女孩们通过学习成为未来的领导者呢？针对这个问题，他们列举了现有的群体，比如美国女童军、英国女童军（Girl Guides）和编程女孩组织（Girls Who Code）等。他们也通过头脑风暴提出了一些可以提供支持的新群体，例如，跨代导师指导，或者是通过社交媒体将全球的女孩们联系在一起，让她们鼓励和支持彼此。

我们在此介绍了部分知名的方法，我们也明白还有众多团体可以发挥作用，但难以在一章里全部囊括，这些团体在不断组建和发展。鉴于此，我们想强调的是这些团体可以发挥影响力，鼓励女孩们将自己视为领导者，培养自身的领导力。但全球仍然有数百万女孩得不到此类服务，这些人中绝对有人具备领导潜力。

女童军

全球女童军组织大约有 200 万成员，从幼儿园到高中均有。女孩们的领导机会非常多，能够帮助她们培养自我意识，发展和锻炼领导技能，树立自信心，并且有效学习如何担任领导和在团队内合作。女童军宣称，美国女性参议员中 76% 的人曾经加入过女童军。截至目前，曾经担任过国务卿的马德琳·奥尔布赖特（Madeleine Albright）、康多莉扎·赖斯（Condoleezza Rice）和希拉里·克林顿等女性也都参加过女童军。事实上，几乎每位上过天的女宇航员也都曾经是女童军成员。

女性 STEM 组织和编程女孩组织

众多政府和组织在力争让更多女孩进入 STEM（科学、技术、工程和数学）领域。女性 STEM 组织和编程女孩组织是同时成立的，均使用多种方法来吸引更多女孩进入 STEM 领域。女性 STEM 组织立足于英国和爱尔兰，通过"一系列小组活动、黑客马拉松、展览和导师指导项目向女孩们介绍 STEM 领域里的杰出女性"，从而激励女孩们。其创始人安妮-玛丽·艾墨费顿（Anne-Marie Imafidon）希望能提升对 STEM 感兴趣的女孩的自信心，帮助她们敢于公开表示自己在数学和技术方面很在行。编程女孩组织是美国的一个女性团体，希望通过在"俄克拉何马州的农村、马萨诸塞州的流浪汉收容所和该国最著名的私立学校组织俱乐部"，来帮助各地"在日常生活中乐于使用科技来解决问题"的女孩"因为志趣相投而联合起来，去积极地影响这个世界"，从而填补性别差距。

创新领导力中心做出的努力

作为一家只关注领导力的机构，创新领导力中心一直热衷于帮助女孩们提高其领导能力和领袖气质，并为此在过去 10 年在全球推行了众多项目。

青年女性领导项目。该项目由创新领导力中心圣地亚哥办事处发起，为期一周，汇聚了来自圣地亚哥郡各地的高中女生，每次人数不多，但相当多元化。项目提供广泛的体验，外加社区项目的课堂学习。创新领导力中心已经推广该模式，并且在北卡罗来纳州的两个社区与女童军合作，提供多轮项目，将六年级到十二年级的女孩们召集在一起，培养她们的领导能力。项目所使用的主题来自创新领导力中心针对女性领导人所做的研究，即诚实可靠、自我认识、人脉和能动性。在一次项目结束后，有个女孩告诉我们："我明白了，每个人都有不一样的地方，但大家仍然可以和谐相处。我也懂得可以把自己想说的话表达出来，这是没有问题的。"另一个女孩说："我会利用这些信息来帮助我的中学，去改变这个世界。"看到女孩们能树立这种领导思维，真让人由衷地高兴。

女孩辩论俱乐部。创新领导力中心有位员工参加了乌干达的一场冲突化解研讨会。在该研讨会上，这位员工发现辩论能够帮助女性发出自己的声音，发挥自己的能动性。此后，创新领导力中心开始关注辩论俱乐部。2015 年，美国国际开发署（USAID）评定创新领导力中心领导力和辩论俱乐部项目（Leadership and Debate Club）是全球最出色的领导力项目之一。该项目的特色包括为期两天的领导力培训项目、每周邀请嘉宾参加的"午餐学习"会、每月的地方大学生辩论会、在非营利性组织的志愿服务以及三场大型的公开辩论会。公开辩论会可以为年轻女性提供机会，让她们在数量众多的观众面前发表自己的论点。这些领导力和辩论俱乐部现在为埃塞俄比亚数千名女孩提供服务，它们旨在提供一个安全的、充满活力的、自给自足的、带有教育性的空间，让年轻女性能够树立自信，成为社会中积极的一分子。创新领导力中心从参与者的反馈信息中了解到，年轻女性会在家应用自己在项目中所学到的东西，而且通常会和父母、弟弟妹妹们分享自己的所学，这样能有力地传播她们的知识，进一步推动她们的发展。

将爱传递

你会如何帮助那些属于后浪们的女孩和年轻女性呢？你在自己的组织内可以做些什么，或者你可以和职场的其他年轻女性一起做些什么，让女性能够更加轻松地适应领导岗位，培养她们作为领导者的独特天赋？你的组织有女性赋权群体吗？或者你能够创立一个女性赋权群体针对年轻女性的导师指导项目吗？你是否可以利用自己的声音来帮助和你密切合作的某位年轻女性发声，推动她的成长？女性的贡献通常会被忽视，所以要时刻留意，在某位年轻女性做出重要贡献时要提醒大家关注这一点，这样其他人才会注意并认可她的贡献。

值得反思的问题

让我们再次拿出笔记本，想想看你可以做些什么来推动未来数代女性领导者的发展。

- 回想一下你在学校和初进职场时的经历。你希望当初能有哪些机会来推动自己的领导者发展之旅？
- 你现在可以如何为更年轻的女性提供此类机会？

后记

如果你正在阅读这段文字，或许是已经读完《她力量》这本书了，或者是想先翻翻书的结尾，再决定是否要读这本书。不管是哪种情况都没有问题，这就是你的选择，做最适合自己的事情。

也就是说，除非你紧跟前10章的文字，认真阅读，否则后记的这些文字读了用处也不大。但别着急，等你读完全书，仍然可以来看看这部分内容。

本书是为了支持和指导全球数百万正处于职业生涯中期的女性。她们正在自己的领导者发展旅程中前行，希望能获得进一步的发展，可是前途遇到了障碍。这些障碍可能是自身原因所致，也可能是他人、所在的组织或文化信仰与惯例所导致的。不管她们遇到了什么样的障碍，最终的结果就是这个世界上高层领导中女性数量偏少。在职业生涯中期，众多女性或者认为自己已经到达事业的巅峰，或者决定改变发展方向。正因为如此，我们特意为处于职业生涯中期的女性撰写了这本书。

在阅读《她力量》这本书时，我们也请大家一起拿出笔记本来做练习，希望你已经通过这些方式发现了自身的优势所在，拟订了迈向领导者发展之旅的下一阶段的部分战略，并且找到了一些灵感，能激励你应对新的领导挑战。我们需要各行各业出现更多女性领导者，比如金融、科技、医疗卫生、传媒、娱乐、政府、教育和非营利性组织等领域。为了实现这个目标，女性必须发现自己的独特之处、自身的优势和力量。我们会和部分男性和组织进行合作，他们懂得多元的经历和思维方式是有效领导所必需的，和他们的合作能帮助我们更快实现目标。我们不会自欺欺人，告诉自己目标很快就会实现，但如果现在不着手进行，目标就永远不会实现。

你会为更加美好的未来做出什么贡献呢？

纵观全书，你会发现其实答案就在自己身上。你必须去发现，去应用，因为这个世界需要更多女性领导者。所以，就让我们一起来打破玻璃天花板吧！

Kick Some Glass: 10 Ways Women Succeed at Work on Their Own Terms

ISBN:978-1-260-12140-7

Copyright © 2019 by Center for Creative Leadership.

All rights reserved. No part of this publication may be reproduced or transmitted in any form or by any means, electronic or mechanical, including without limitation photocopying, recording, taping, or any database, information or retrieval system, without the prior written permission of the publisher.

This authorized Chinese translation edition is jointly published by McGraw–Hill Education and China Renmin University Press. This edition is authorized for sale in the People's Republic of China only, excluding Hong Kong, Macao SAR and Taiwan.

Translation copyright ©2021 by McGraw–Hill Education and China Renmin University Press.

未经出版人事先书面许可，对本出版物的任何部分不得以任何方式或途径复制或传播，包括但不限于复印、录制、录音，或通过任何数据库、信息或可检索的系统。

本书中文简体字翻译版由麦格劳-希尔（亚洲）教育出版公司授权中国人民大学出版社合作出版。此版本经授权仅限在中华人民共和国境内（不包括香港特别行政区、澳门特别行政区和台湾地区）销售。

版权©2021由麦格劳-希尔（亚洲）教育出版公司与中国人民大学出版社所有。

本书封面贴有麦格劳-希尔公司防伪标签，无标签者不得销售。

北京市版权局著作权合同登记号：01-2021-4346

版权所有，侵权必究。

北京阅想时代文化发展有限责任公司为中国人民大学出版社有限公司下属的商业新知事业部，致力于经管类优秀出版物（外版书为主）的策划及出版，主要涉及经济管理、金融、投资理财、心理学、成功励志、生活等出版领域，下设"阅想·商业""阅想·财富""阅想·新知""阅想·心理""阅想·生活"以及"阅想·人文"等多条产品线。致力于为国内商业人士提供涵盖先进、前沿的管理理念和思想的专业类图书和趋势类图书，同时也为满足商业人士的内心诉求，打造一系列提倡心理和生活健康的心理学图书和生活管理类图书。

《让女性受益一生的理财思维》

- 理财博主专为女性量身定制的理财思维书。
- 让女性学会与金钱打交道，提升赚钱能力，用自身财力给予自己想要的财富安全感。

《把自己的愤怒当回事：写给女性的情绪表达书》

- 帮助女性为自己的愤怒情绪找到合理的表达方式，更有效地处理生活中遇到的问题，让愤怒不再成为女性"被禁止的情绪"。
- 当你以诚实、克制和有益的方式表达自己经受的伤害时，分歧才会得到妥善的处理，人际关系才会得到延续和改善。